日常の中の仏教語

南谷 恵敬

本書は、寺誌『四天王寺』平成12年11・12月号から連載されている
「日常の中の仏教語」のうち、「あ行〜た行」をまとめたものです。

目次

あ

か

さ

た

日常の中の仏教語

【愛敬（あいぎょう）】

仏や菩薩の「いつくしみ」と「やさしさ」を表す言葉

「あの娘は愛敬があるね」とか「愛敬をふりまく」などと使われている「愛敬」ということばですが、これは元々、仏や菩薩のやさしく温和な慈悲の表情「愛敬相《あいぎょうそう》」からでていることばです。一般的な読みでは「あいきょう」と濁らずに用いますが、仏教用語としては「あいぎょう」と濁ります。

漢語の「愛敬《あいけい》」は父母や君主など目上の人に対して心に抱く心情のこと

をいいますが、日本では「愛」の方に重点を置いて「愛らしいさま」、「好ましいこと」の意味に使われるようになりました。また、この「愛」という言葉・概念についていいますと、仏教では必ずしも肯定的に捉えられていないようです。つまり、愛は、究極的には己に対する愛、自己愛となるもので、これは執着につながることになるからであります。親が子に対して抱く愛情も、度が過ぎれば、子を親の所有物とみなしたり、他人の子を貶《おとし》めたり結局親自身の執着を増すことになるからです。このような度を過ぎた愛情を「渇愛《かつあい》」といい、戒められています。

仏教では、現在の「愛」に相当する「いつくしみ」や「すべてのものに対するやさしさ」を「慈悲」という語で表現し、この慈悲の実践＝慈悲行を重視しています。仏や菩薩の「愛敬の相」もこの慈悲の現われなのです。

【阿吽（あうん）】

物事の本初と終極、
全ての調和を示す

「あうんの呼吸」といいますのは、息の合う様をいいますが、これも仏教の言葉からでています。「あうん」は、漢字で「阿吽」と書き、「阿」はサンスクリット語のア(a)、「吽」はフーン(hūṃ)を漢字に当てはめたものです。サンスクリット語、それを中国式に改めた「悉曇《しったん》」では、「阿」は字音の最初の言葉、「吽」は最後の言葉を意味し、その意味から「阿吽」というのは物事の最初と最後のことをいうのですが、「阿吽の呼吸」といえば息の合う様、何か一緒に行うとき、調子や気分の合うことをいうようになりました。また、仁王門の仁王様や神社の狛犬など左方が口を開け、右方が口を閉じる形に造られますが、これはこの「阿吽の呼吸」を示しています。また、仏教的には、「阿」は万有一切《ばんゆういっさい》の根源を示し、「吽」は万有一切の帰着を示すといわれます。さらに「阿」は理智不二《りちふに》の理・菩提心をあらわし、「吽」は智・涅槃をあらわすとされます。あるいは、「阿」は、中国の陰陽道の陽を、「吽」は陰をあらわすともいわれ、二極の調和している様を示しているとされます。

仏教や神道の様々なところでこの「阿吽」が表現されていますが、特に口が開いているものと閉ざしているものが並列する場合はこの「阿吽」の表現と考えていいでしょう。

【阿修羅（あしゅら）】

闘争の鬼神から
仏法の護り神へと変化

ＮＨＫのドラマに『阿修羅のごとく』というのがありましたし、高橋和巳の作品に『生涯にわたる阿修羅として』がありました。また、「修羅場」という言葉もあり、「阿修羅」といえばやみくもに戦う人、けんか好きの人のイメージがあります。それもそのはずで、仏教での阿修羅は、天界の王である帝釈天に常に戦いを挑んで壮絶な戦闘を繰り返し、最後には屈服させられるという、戦いの申し子のように説かれるからです。

その起源は、ペルシャの神アフラ・マズダ(Ahura Mazdā)とされ、インドの神々とは敵対する神の代表者とされます。サンスクリット語ではアスラ(asura)といい、「ア」は否定語で「スラ」は神のこと、つまりインドの正式な神ではないということです。インドの神話では、アスラの元には酒がなくて美女がおり、インドの神々の元には酒はあるが美女がいない。そこで、神々はアスラを征服して美女を奪った、とされます。被征服者であるアスラ＝阿修羅は鬼神に没落するのですが、仏教では帝釈天に帰属し護法神として八部衆の一人に数えられます。あの有名な興福寺の阿修羅像は、痩身で細い六本の腕を持ち、憂いをただよわせた童顔三面の像に造られ、天平時代彫刻の代表的な彫像です。

【安心（あんじん）】

信仰心に支えられた不動の境地

一般的には「あんしん」と読んで、心が落ち着き心配のない状態をいうのですが、仏教では「あんじん」と読み、信仰によって到達した安らぎのある心、不動の境地をいいます。この「安心」を得るため、聖道門《しょうどうもん》（天台・真言のように自力を重視する仏教）では、観心《かんじん》とか止観《しかん》といった自己の心の在り方を深く洞察し、精神を集中する修行を行います。

また、浄土門《じょうどもん》では、阿弥陀如来に帰依し、念仏によって西方極楽浄土に往生することを願う、その心を「安心」とよんでいます。「安心立《あんじんりゅう》命《みょう》」という言葉がありますが、これは、儒教の「立命《りつめい》」、つまり「天が自分に与えたものを全うする」という語と結びつき、「心を安らかにし身を天命にまかせ、どんな場合も動じないこと」を意味します。

また、「安心決定《あんじんけつじょう》」という言葉もあり、これは「ひたすら信じて疑わぬこと」をいい、仏教では仏の救済を信じ一心に帰依することを説きました。

このように仏教でいう「安心」は信仰に支えられた不動の心をいうのですが、現在のような不安定な時代、複雑な社会では不動の心を持つことは大変難しいことです。ただ、真摯《しんし》な信仰はそれを可能にしてくれるような気がします。

【以心伝心（いしんでんしん）】

心と心のふれあいにより、
真理を追究する真摯な姿勢

以心伝心とは、わが心をもって他の心に伝えることをいい、一般的にはもっと軽い意味で、言葉にあらわさなくても心と心が通じ合うことを、いわずもがなの呼吸をいう場合が多いと思われます。ただ、「腹芸」に通じるところもあって、否定的に用いる場合もあります。本来は禅宗における「不立文字《ふりゅうもんじ》　教化別伝《きょうげべつでん》」、つまり、文字を用いず師僧の悟りの境地を体験や直観を通じて会得する、その在り方をいいました。

最初に用いたのは中国禅宗の六祖慧能禅師《えのうぜんじ》で、『六祖壇経《ろくそだんきょう》』にみえる言葉です。わが国では弘法大師空海が『性霊集《しょうりょうしゅう》』の中で「また秘蔵《ひぞう》の奥旨《おうし》は文を得ることを貴《とうと》しとせず。ただ心を以て心に伝ふるにあり。文はこれ糟粕《そうはく》、文はこれ瓦礫《がれき》なり。」と以心伝心を用いています。つまり、「仏教の奥深い真理は文では体得することはできない。心と心のふれあい、心を以て心に伝えていくことが大切なのだ。文はのこりかすであり瓦礫だ。」というわけです。文でごまかそうとするわれわれには耳が痛いところです。

　今日的な用い方の、人と人の信頼ある状態も重要ですが、本来の意味の、教えを受ける時の真剣な姿勢も大切です。このごろは授業などでも「後でノートを読んだらわかるわ。」とその時間に先生の話を聞かない者が多いのですが、考えものですね。

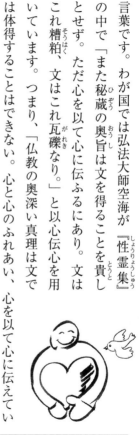

【一蓮托生（いちれんたくしょう）】

蓮の台《うてな》に乗り、共に極楽浄土に生まれるというありがたい言葉

一蓮托生というと、特に悪事などの連座というか運命共同体というか、運命を共にし、私もあなたも同罪ですよ、という意味合いで使われることが多いように思います。良い意味で使われるケースはあまり耳にしたことがありません。

しかし、本来は、極楽浄土に生まれる時、同じ蓮の台《うてな》に乗り一緒に往生するんですよ、というたいへんありがたい意味なのです。極楽に往生する時、極楽の教主の阿弥陀如来がたくさんの菩薩や聖衆と共にお迎えにこられ、特に観音菩薩の蓮の台に往生する人が乗せられ、一瞬の内に極楽の宝池にて蓮の花の中で生まれ変わるといいます。このことを「托《たく》生《しょう》」といいます。そして、どの人もこの極楽の蓮池に生まれるのですから、一蓮托生となるわけです。

これは経典には認められない言葉ですが、同じような意味合いの言葉が『阿弥陀経』というお経の中に認められます。「倶会一処《ぐえいっしょ》」という言葉で、極楽で共にまみえるという意味です。『源氏物語』には「はちす《蓮》葉をおなじうてな《台》と契《ちぎ》りおきて露のわかるるけふ《今日》ぞかなしき《悲》」という源氏の言葉がありますし、もう少し後世では、近松門左衛門『冥途《めいど》の飛脚』に「これぞ一連托生と慰めつつ」といったことばがあります。案外日本で作られた仏教語かもしれません。

【因　果（いんが）】

幸福も不幸も自らの行い次第

「親の因果が子に報い」とか「因果な話」、「因果をふくめる」など今日ではあまり良い意味に使われない「因果」という言葉は、もともと原因と結果、存在の因果律《いんがりつ》をいう仏教語でありました。善因善果、悪因悪果、あるいは因果応報というように行為の結果と原因の必然的な関係を因果というのです。それが、過去の悪業が現在の不幸の原因であるとするところから不幸や悪運のことを因果というようになったのだろうと思われます。

では、良い方のことはどうなのか、過去の善業が今日の幸福につながっているという時には因果とはいわないのか、たしかに、「因果」とはいいませんね。その場合は「果報《かほう》」という言葉があてはまるのではないでしょうか。「果報者」とか「果報は寝て待て」のように良い結果は「果報」というようです。果報も因果応報の「果」と「報」とをとったことばですから、本来良い結果にも悪い結果にも使ってよいのですが、こちらは良い方に使われます。

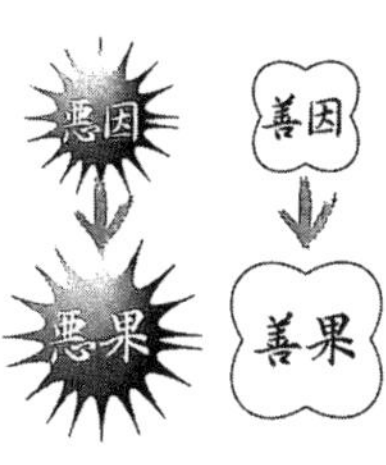

どちらにしても、良い行いは良い結果を生み、悪い行いは悪い結果を生む、という当たり前のことなのですが、良い行いを常に実行することは難しいですね。「積善の家には必ず余慶あり」といいますが、これも善因善果を言った言葉として記憶しておきたいですね。

【浮世（うきよ）】

「無常の世」から一転、どうせなら浮き浮き楽しく生きよう

「浮世」という言葉は、現在ではどちらかと言えば「この世の中」「世間」という意味合いが強く、「浮世の習い」といえば「この世で当たり前になっていること」、「浮世離れ」といえば「世間の常識からかけ離れた言動などをすること」という使い方をします。この語の本来の意味としては、中国古代の漢語の「浮世」を見ますと、「定めのない世の中」「無常の世」という使われ方でありました。日本においても最初は「定めのない世の中」「はかない人生」を意味していたのですが、平安時代に入り

仏教的な無常観と結びついて「浮世」が捉えられ「憂き世」という字を当てて、「嘆かわしい現世」の意味で用いるようになりました。この「憂き世」の概念が和歌や物語の主題ともなりました。ところが近世になると、そんな定めのない、嘆かわしい世の中ならもっと浮き浮き楽しく生きましょうという気持ちを込めて「浮世」が用いられるようになります。それが「浮世絵」や「浮世草子」のような芸術となったり、「浮世茶屋」や「浮世風呂」のような娯楽施設になったというわけです。さてさて、現代社会においてはいかがでしょう? 「浮世の波」もなかなか荒く、「浮世話」に浮かれても居れません。我々も「浮世寺（ものぐさ坊主の住まう寺）」などと呼ばれぬように精進第一にしたいと思うところであります。

【有頂天（うちょうてん）】

地獄と対比した天国の中でも最高位の場

「うちょうてんになる」といえば、物事に熱中するあまり周りの存在を忘れてしまうことや、得意の絶頂にある状態をいいます。その裏には絶頂から転がり落ちる危険をはらんでいるわけで、「うちょうてんになるな」と注意されることになります。仏教の世界観では、欲界《よっかい》・色界《しきかい》・無色界《むしきかい》の三界、三つの世界があり、そのそれぞれに天があると考えられました。欲界には六天、色界には十七天、無色界には四天の計二十七の天界があります。有頂天とは、この無色界四天の最高位、非想非非想天《ひそうひひそうてん》のことをいいます。古来、最下の場所である地獄と対比して最上の場所としてこの有頂天があげられました。

『曽我物語《そがものがたり》』にも「上は有頂天をかぎり《限》、下は阿鼻《あび》（地獄の一つ）を際《きわ》として……」とあります。有頂という言葉自体、サンスクリットのバヴァーグラ（bhavâgra）（bhava-agra）の訳語で存在の絶頂という意味があります。このように本来有頂天とは仏教最高位の天のことで、最高を極めるという良い意味を持っていました。それが、日常で使われるようになって先ほどのように得意の絶頂、天にも上る思いとなり、その気持ちが油断を生んで痛い目に遭うことになるよ、と戒める言葉となったのです。

【会 釈（えしゃく）】

相手を思いやる心の表れ

「会釈」といえば、軽く頭を下げて礼をすることや、簡単な挨拶という意味で用いられていますが、本来は経典の中の言葉や内容、仏教教義上の問題、難解な語句や教義を解釈しわかり易くするという、仏教語の「和会通釈《わえつうしゃく》」の略語でありました。この意味では「会通《えつう》」という言い方もします。

その他にも現代ではあまり使われませんが、相手の気持ちや立場を気遣うこと（「遠慮会釈もなしに」などはこの意味で今でも使われている例）、斟《しん》酌《しゃく》すること、言い逃れを考えること、など人の心の動きに対応する用法があります。仏教的な意味合いを人と人との精神的コミュニケーションにおける一つのあり方の表現に変換していったようです。これがさらに具体的な動作として軽い挨拶、相手を敬う一つの形態を示す言葉として定着していったのでしょう。

人と出会ったとき軽く会釈するのはお互いに気持ちの良い風習ですが、昨今このうるわしい風習もだんだんと失われつつあるのは残念です。これが現代人に近視の人が多くなって、知った人に会っても気づかないということで、そうなるのであれば致し方ないのですが……。

【演説（えんぜつ）】

仏さまによる仏法〝演説〟！

「演説」といえば、多くの人々の前で自分の主義・主張や意見を述べることをいい、例えば選挙などでは立候補者の演説、応援演説など演説がつきものになっています。あるいは会議などで長広舌を声高にする様をもじって「大演説」などということもあります。

しかし、「演説」という言葉自体は本来仏教語なのです。『維摩経《ゆいまきょう》』には「佛は一音《いっとん》を以《もっ》て法を演説したまい、衆生は類に随《したが》って各々に解《げ》を得《う》る」とあり、サンスクリット語のニルデーシャ（nirdeśa）の訳語で、仏法を説くこと、または教えを述べる言葉を「演説」といいました。その意味では説教や唱導《しょうどう》と同義語です。

ただ、江戸時代では「演舌」と書き、「演説」という言葉は福沢諭吉の新造語だ、という説もありましたが間違いです。

もちろん明治時代の開明期に民権主義者などによる政治的発言を「演説」という仏教語に置き換えたものでしょうが、本来の「仏の真理を説くこと」からは少しはずれた感があります。

これから演説される方は本来の意味を理解して、本当のことを話すように心がけていただきたいですね。

【往生（おうじょう）】

浄土往生できるか否や……
それは全てあなた次第

以前、といってもそんなに昔ではありませんが、関西の漫才さんが「往生しまっせ！」というギャグでうけていたことがありましたが、「往生する」といえば閉口すること、困り果てることの意味でよく使われます。本来はもちろん、阿弥陀如来の浄土である極楽浄土に生まれること、これを「極楽往生」といいますが、そこから臨終《りんじゅう》、つまり死ぬことをいいました。

浄土教の考え方では臨終に際しての浄土を請い願う一念、また念仏への専心が説かれ、その有様をさして「往生際《おうじょうぎわ》」という言葉も使われたようです。今日でも土壇場で諦めのつかない様を指して「往生際が悪い」といいますが、この臨終での一念（専心）のあるなしからきた表現であろうと思われます。

なお、『観無量寿経《かんむりょうじゅきょう》』というお経には、極楽往生に際して、阿弥陀如来をはじめ極楽浄土の聖衆たちがお迎えに来られると説いています。これを「来迎《らいごう》」といい、この来迎には生前の仏教との機縁、機根《きこん》といいますが、の浅深により九段階（上品上生《じょうぼんじょうしょう》から下品下生《げぼんげしょう》）があるといいます。これを「九品《くぼん》往生」あるいは「九品来迎」といいます。

もちろん機根の深い人は最上位（上品上生）の来迎が受けられ、機根浅く罪深い人は最下位（下品下生）の来迎（この時は阿弥陀さんも観音さんも来ず、来るのは火の車だけで、また、極楽にいってもなかなか阿弥陀さんに会えません）になると説いています。

【御陀仏（おだぶつ）】

御陀仏、御地蔵、御釈迦、
仏さまへの敬う心を忘れずに

御陀仏《おだぶつ》といえば、今では、死ぬこと、駄目になること、あるいは救いようのない失敗の意味で使われます。

本来は阿弥陀仏を丁寧に呼ぶことばで「御」は丁寧をあらわす接頭語、そこに阿弥陀仏の「陀仏」をつけて御陀仏としました。御地蔵《おじぞう》、御《お》観音《かんのん》、御釈迦《おしゃか》など同じ言い方です。普通はこれらの後ろに「さま」とか「さん」を付けます（「お地蔵さん」、「お釈迦さん」は今でもよく使います）。御陀仏の場合は、死ぬときに「南無阿弥陀仏《なむあみだぶつ》」という六字の名号を唱えますがこのことをいいました。そこで死ぬことを御陀仏と言ったのです。

同じような使い方に、「おだをあげる」というのがあり、この場合は「南無妙法蓮華経」の「御題目」をあげることからきた言葉で、気炎をあげたり、勝手なことを言うことに使います。また、「おしゃかにする」というものもあります。これは工業関係者のスラング（俗語）で、製品がだめになること、不良品として廃棄することをいいます。これも、「お釈迦にする」からきており、釈迦の入滅《にゅうめつ》・涅槃《ねはん》、つまり「死」を意味することから使われた言葉です。

いずれにしても仏様や題目を丁寧にいうのはいいのですが、あまり良い意味に使われないのは残念ですね。

写真で見る七不思議 ①

「日常の中の仏教語」から離れて、ここでは四天王寺の江戸時代の資料と現代の写真を交えながら、「四天王寺七不思議」を信仰と併せて紹介してみたいと思います。ただ、江戸時代の四天王寺と今日現代の四天王寺では変わったところも多々ありまして、また七不思議の中には、「絵にならない」ものもあり、それらはちょっと横に置いておきまして絵になる不思議だけを取り上げようと思います。

ところで「四天王寺の七不思議」とはいっても七つだけではなくて、例えば落語の「猫の天王寺参り」では全く違う不思議が語られていますので、かなりの数になります。今回のコラムでは写真もできるだけ大きく載せたいし、ということで数回に分けて掲載していこうと思います。

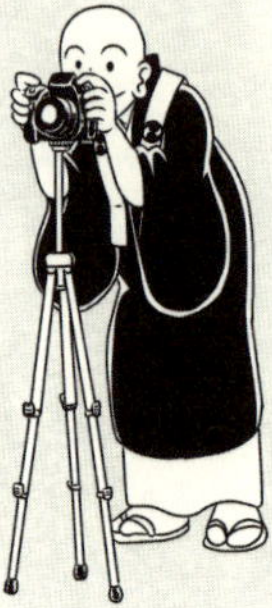

1 五重塔の露盤は閻浮壇金《えんぷだんごん》一千両で鋳造されているので永遠に色が変わらない。変わるときは要注意。

閻浮壇金というのは仏教世界の南閻浮提という島の川から採れる砂金のことで最上級の金のことで永遠に変化しないのです。ただ、仏法が衰え悪がはびこるようになると色が変わるとされています。写真は露盤の様子ですが、本誌ではモノクロなのでわかりませんね。写真を撮ったとき確かめましたが、金が燦然と輝いていました。まだ、大丈夫です。この九輪や露盤の輝きを見て思い出すことがあります。戦後、四天王寺復興が成って、五重塔も再び聳え立ち九輪が輝いている様を、私の父が替え歌にしてよく歌っていました。「炭坑節」の替え歌で、「月が出た出た　月が出た　四天王寺の上に出た　あんまり九輪が光るので　さぞやお月さん　まぶしかろ　サノヨイヨイ」とまあたわいのないものですが、戦後復興の困難さを経て建立された伽藍、五重塔への讃歌のように思えました。

▲不思議の多い五重塔。右上は金色に輝く露盤

2 五重塔初層の屋根の鬼瓦の大黒天《だいこくてん》は三方からお顔が見える。

五重塔の話題が出たのでついでにこの不思議も。五重塔の屋根瓦のうち一層目の西北東の隅の鬼瓦には大黒天のお姿を作っているのですが、この大黒天、正面に大黒天、右に弁財天《べんざいてん》、左に毘沙門天《びしゃもんてん》の三つの顔を持っておられ、そこから三方ににらみを利かす、三方からお顔が見えるという不思議になりました。この鬼瓦では大黒天のところだけ金箔が貼られ、目立つようになっています。それでもよほど目を凝らさないと大黒天とはわからず、見過ごされる方も多いですね。こういう三つのお顔を持った大黒天を三面大黒と呼んでいます。大黒天は、日本の大国主命《おおくにぬしのみこと》の信仰と結合して微笑の相になりますが、本来はインドのマハーカーラ（Mahākāla）という神様で、仏教に帰依して人々を救う天部となりました。漢字に当てはめて〈摩訶迦羅〉とも書かれます。自在天《じざいてん》の化身で軍神、戦闘神、富貴爵禄（財産や身分・

▲三面大黒天の鬼瓦

出世のこと）の神、また堂舎食厨（建物、特に食堂《じきどう》のこと）の神とされています。身体は黒または青黒色、怒りの相をなす、とされています。四天王寺では伽藍の戌亥（乾《けん》）、つまり西北に示現して仏法興隆、寺運繁栄の利益を表したといいます。五重塔から西北にずっと線を延ばしたところに大黒堂を建て三面大黒をお祀りし、縁日である甲子の日に大黒天祭を厳修しています。

▲大黒堂

3 亀井の水は天竺《てんじく》から竜宮城、四天王寺へと銀の樋《ひ》で流されてくるものなので枯れない。

天竺とはインドのことですが、インドから竜宮城を経て四天王寺に流れる、というのはどういう経路だろう、と思いますね。昔の日本人からすれば天竺＝インドも竜宮城もどちらもはるか彼方の地、海の底というわけで空想をかきたててのお話だったと思われます。江戸時代の名所図会には、そういう空想的なことではなく、この地に湧き出る「白石玉出の水」という名水である、と書いています。亀井水、亀井堂といいますが、お堂の地下に石の大きな水盤を設け、亀の口から突き出た竹筒から絶えず水が流れ出ています。こういう施設はほかのお寺ではちょっと見られないもので、四天王寺独特の施設といってよいでしょう。私などは幼いころから親しんでいますので、当たり前みたいに思っていますが、初めて見る方にはかなり衝撃的かもしれません。そこにお戒名や先祖代々などのご先祖供養の文言が書かれた経木を流すのも独特。水供養という先祖供養であると同時に、この霊水がお浄土につながっているから、流された霊は浄土に無事戻られた、経木が浮かんで浮かばれた、などと言っております。

▲亀井堂（上）と亀の口から流れ出る霊水（下）

【覚悟（かくご）】

「さとりを得る」と「あきらめ」は似ているようでまったくの別物

「覚悟がついた」とか「覚悟しろ」というように、「覚悟」といえば「あきらめ」あるいは「決断」の意味で使われています。しかし、本来の語義は真理を体得してさとることをいう仏教語でした。目覚めるの意味を持つサンスクリット語のジャーグリ（jāgṛ）からつくられたジャーガラ（jāgara）の訳語です。「覚」も「悟」もともに「さとる」という意味で、特に「覚」は仏教では極めて重要なことばであり、「覚者」といえば「さとりを得た者」「仏陀」のことをさします。

では、なぜ「覚悟」が「あきらめ」の意味になったかというと「あきらめる」という言葉自体、「真実を明らかにする」、「さとる」という意味であったのが、物事を判断する意味の「諦める」が一般的な用い方となり、おなじく「さとる」の意味の「覚悟」もそのように使われるようになったものと思われます。あるいは、「さとり」は「あきらめ」と解することからそうなったのかもしれません。何事においても「覚悟する」というのはある種の「さとり」に通じるところがありますから。

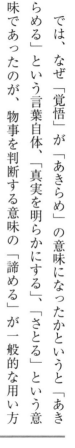

【我慢（がまん）】

自分自身の慢心をいう言葉

「がまん強い」、「がまんの限界」、「がまんする」など、今日では辛抱することや耐え忍ぶことに使われる「我慢」という言葉ですが、もともとは字の通り「高慢なこと」、「他をさげすみ自分をえらく思うこと」であり、また、「我をはること・我執《がしゅう》」の意味がありました。「我慢者」というのはこの意味です。

この「我慢」という語も本来は仏教語で、「自分をたよりにして心おごること・慢心」をいい、「貪《とん》・瞋《じん》・痴《ち》・慢《まん》」の四根本煩悩の一つです。

我慢増長《ぞうちょう》とか我慢愚痴などの語はその意味です。

つまり、本来は我をはったり、思い上がるという悪い意味の語であったのですが、なぜ耐え忍ぶ意味になったのか、よくはわかりませんが、「入れ墨」のことも「がまん」といい、入れ墨するときの針の痛みに耐えることから、耐え忍ぶ、辛抱することを「がまんする」と言うようになったのかもしれません。

【瓦（かわら）】

古代インドから現代日本へ、音も意味も丁寧に伝わっている言葉

瓦といえば、もちろん日本や中国など東アジアの建物の屋根に使われる焼き物のことです。この語は日本固有の言葉のように思われますが、実は仏教とともに日本に伝えられた言葉の一つなのです。

特に訓読みの「かわら」は、元々インド、サンスクリット語のカパーラ（kapāla）に起源があり、本来の意味は、皿、器、瓶など焼き物一般のことです。おそらく、仏教とともにお堂など仏教建築の技法が伝えられた時、屋根に葺く瓦のことを「カパーラ」と称し、これが日本語化し、「か

わら」となったものと思われます。お堂のような建築では大量に瓦が用いられますから、自然とこの語が定着していったことが想像できます。

このようなサンスクリット語に起源をもつ日常語は意外に多く、「甍《いらか》」（イシュタカ〈iṣṭakā〉）、「鉢《はち》」（パートラ〈pātra〉）、「檀那《だんな》」（ダーナ〈dāna〉）など、いずれも仏教とともに日本に伝わり定着した言葉なのです。

日本語に平仮名や片仮名という一語一音の便利な文字がありますから、このような外来語が定着しやすかったこともあるでしょう。今日でも欧米語をカタカナにして簡単に日本語化して用い、日本語の語彙が増えるのはいいのですが、本来の意味から離れているケースも多く、日本語にしろ欧米語にしろ、もう少し丁寧にあつかってもらえたらなとは思います。

【観　念（かんねん）】

心に仏や浄土を思い描くこと

「観念する」といえば、あきらめる、とか覚悟する、という意味に用いられていますが、これも仏教の言葉です。本来は、仏や菩薩の姿を心に思い浮かべたり、仏の世界である浄土を思い描いたりすることをいいました。特に密教では、三密加持（衆生と仏とが結びつき即身成仏の悟りを得ること）の修行の一つ、意密加持行としての観想行が重視されました。

意密加持とは、多くの仏菩薩の姿を心に思い浮かべることで、口に真言陀羅尼を唱える口密加持、手に仏の印を結ぶ身密加持とともに仏と一体となるための重要な修行でありました。浄土信仰においても、口に念仏を唱える口称念仏に対して、心の中に阿弥陀如来の姿を観じ憶念する観念念仏があります。法然上人は口称念仏の優位性を説きましたが、それまでの浄土教では観念念仏が尊ばれていたようです。さらに、近代においては哲学用語として「観念」が用いられ、ヘーゲルやカントの哲学を観念論といいます。これは、アイディアリズムの訳語でマルクスが自身の哲学の唯物論（マテリアリズム）に対して、それまでの哲学をこのように称したことによります。

なぜ、仏菩薩を思い浮かべる観念という語が「あきらめる、覚悟する」に転用されたか定かではありませんが、仏を思い浮かべている姿があきらめた時の態度に似ていたからでしょうか。

【帰依（きえ）】

仏道に入るための最初の一歩

帰依という言葉は、日常語というわけではありませんが、仏教の重要な言葉ですので、説明させていただきます。

「帰依」はサンスクリット語のシャラーナ（śaraṇa）の訳語で、「庇護をもとめること」、「頼りにすること」という意味があります。仏教では、さらに強い意味となり、自己の身心を投げ出して信奉することをいいます。仏と法と僧の三宝に帰依することを「三帰」、「三帰依」といい、仏道に入る第一歩とされています。

同じような言葉に「帰命《きみょう》」という言葉がありますが、これはサンスクリット語のナマス（namas）の訳語で「おのれの身命を投げ出して仏に帰依すること」という意味です。「帰命頂礼《きみょうちょうらい》」といえば、頭や手足を地につけて仏の足を礼拝し、帰依、帰順の気持ちをあらわすことです。

聖徳太子もまず帰依せよとおっしゃっておられますし、太子創建の四天王寺の敬田院は、四天王寺の縁起では、「一切衆生　帰依渇仰　断悪修善　速証無上大菩提処」の道場として規定しておられます。

【祇園（ぎおん）】

釈尊と弟子たちの仏道修行の場

京都東山、八坂神社の門前町を祇園といい、今ではお茶屋さんや高級料亭が並び、日本髪を結った舞伎さんが行き来する、京都観光の名所というイメージが定着しています。

この祇園という地名は八坂神社の旧名、祇園社に由来しています。「祇園」というのは、祇樹給孤独園《きじゅきっこどくおん》を略した名称で、お釈迦様の時代、コーサラ国の首都舎衛城《しゃえじょう》南郊の祇多（ジェータ）太子の森林の中にあった、孤児に食物をあたえる者の園のことです。須達（スダッタ）長者という人が祇多太子の所有していた森林を買い、釈尊の教団に寄進しました。ここに建てられたのが祇園精舎です。平家物語の冒頭のあの有名なことば「祇園精舎の鐘の声、諸行無常の響あり」とあるのは、この「祇園精舎」のことです。

祇園祭は八坂神社の祭礼で、本来は早良親王の御霊会。祇園囃子は祇園祭独特のお囃子、祇園大路、祇園香煎、祇園林などの言葉が今でも使われています。

【境界（きょうがい）】

我々のあらゆる認識作用の対象となるモノ

境界という言葉は、現在では、土地の境い目の意味や、「境界《きょうがい》に身を置く」のように境遇や運命の意味に用いられますが、本来は仏教語です。サンスクリット語のヴィジャヤ（visaya）の訳語で「境」とも訳されます。

これは、感覚器官およびその認識作用（つまり心）によって感覚もしくは知覚される認識の対象をいいます。眼・耳・鼻・舌・身・意の六つの器官（六根）の対象となる、色・声・香・味・触・法の六つを「六境」といいます。

つまり、例えば眼という感覚器官とその視覚作用によって見られるもの［色］が境界となるわけです。そして、順次、耳－声、鼻－香、舌－味、身－触、意－法と対応していくわけです。これらの認識の能力は個人差があり、この個人の及ぶ力の範囲、分限をも境界というのです。

【苦（く）】

古来から現代に至るまで、「苦」は「苦しみ」のまま

「苦」といえば、「四苦八苦の苦しみ」とか「苦にする」、「苦に病む」というように、肉体的、精神的な苦しみや不安、心配の意味で使われますが、本来は仏教語であります。といいますか、仏教の根本的な救いの対象がこの「苦」にあるといってもよいでしょう。サンスクリット語ではドゥフカ（duḥkha）といいます。

この語は仏教以前にはあまり用いられなかった語で、一義的には「思いのならなさ」、「不如意」の意で、苦しみの意味は二義的に派生したも

のです。

「四苦八苦」とは、人間の無常の様を「生・老・病・死」の四苦、さらに「愛別離苦《あいべつりく》（愛する者と別れる苦）」、「怨憎会苦《おんぞうえく》（憎い者と会う苦）」、「求不得苦《ぐふとくく》（求めても得られない苦）」、「五陰盛苦《ごおんじょうく》（身心の苦しみの総体）」を加えた八苦のことです。

釈尊は人間の世を苦しみの世界（苦界）と判《はん》じ、いかにして苦界から解脱するかを思索され、悟りに至られたのです。

【空（くう）】

「空」のあり方は、空虚ではなく、変化極まりないから成長できるあり方ということ

「空」は「くう」のほかに「そら」、「から」と訓読みして、天空や中身のない状態をいいますし、また、「空想」とか「空論」のように現実味のない思いや考えを表す言葉として用いられます。しかし、仏教において、「空《くう》」は、大変重要な言葉であり、物事の本質に関わる言葉として考えられました。

「空」は、サンスクリット語のシューニャ（sûnya）の訳語で、すべてのものには実体性がないことを言い表した言葉です。特に般若《はんにゃ》系と呼

ばれる仏教学派にとって重要な概念で、なかなか理解しにくいことですが、すべてのものは原因と条件と結果の無尽の関係で成り立ち、変化が極まりないことにより実体がないと考えるのです。その状態を空とするのです。「一切皆空」とか、般若心経の有名な文句、「色即是空、空即是色」など、それを表現したものです。

菩薩の中に虚空蔵菩薩という方がおられますが、この方は「虚空」、「空」の本質、全てを包含し、全てを生み出すという徳を有する仏として現出されたといいます。また、シューニャの訳語には数字の「零（0）」もあり、インドにおいて考えだされた数であります。

【愚痴（ぐち）】

真理に触れる道が塞がれた状態という重い言葉

「愚癡」とも書きます。現在では「ぐちをこぼす」、「ぐちる」などのように、言っても仕方のないことを嘆いたり、文句を言う時に使われますが、仏教用語としては、サンスクリット語のモーハ（moha）の訳語で、仏教の教えを認めず、道理やものごとの真実をみることのできない状態をいいます。

「無明」という言葉と同じ意味です。単に「痴（癡）」ともいい、「貪《むさぼり》」、「瞋《いかり》」とともに三毒煩悩の一つに数えられます。

古代インド人には仏教に限らず通念としてあった概念であり、中国においても仏教伝来以前に『論衡《ろんこう》』などに例があります。日本でも、古くは、愚かで知恵のないこと一般をいいました。

また、サンスクリット語のモーハは中国では「募何《ばか》」と音写され、バカ（馬鹿）の語源といわれています。

【工夫（くふう）】

実は儒教でも同様の意味で使われる大変重要な言葉

「工夫」といえば、いろいろ考えて良い方法を得ようとすること、また、考えついた方法のことを言いますが、元は仏教、特に禅宗において用いられた言葉で、功夫とも書きます。

その意味は、①思考・思惟、②修行に努力すること、座禅に励むこと、③禅定、などになります。元々は工に従事する夫のことで、労役を意味したのですが、転じて勤行修道することの意味で使われたようです。学者のように終日心を養い道を修することに勤めることもそうですし、さらに、ただひたすら座禅や仏道修行に勤めることもそうだとします。
いずれにせよ心・体を修行に用い、ひたすら勤めることを言ったのです。虎《こ》関《かん》師《し》錬《れん》という禅僧は、工夫とは禅定で、禅定とは一心、一心は無心、無心とは無念と解しています。

現代のように複雑多様な時代には、「生きる工夫」と言いますか、単に身近な物事の解決を考えるばかりでなく、社会の中でどのように生きていくかの工夫が重要なテーマになってきたように思います。

【供養（くよう）】

何事でも感謝し敬う心が必要です

「供養する」といえば、仏様やご先祖様にお灯明やお線香、そしてお茶、ご飯、お菓子などを供えること。また、「粗供養《そくよう》」といえば法事に来られた方にお渡しする品物、というように仏事において感謝や敬いの気持ちを示すこと、あるいは示された物のことをいいます。本来はサンスクリット語のプージャー（pūjā）の訳語で、尊敬とか敬意をあらわすことを意味する言葉でした。仏菩薩に香華を供えることが主であったのですが、後に死者の霊に供物をささげることも言うようになりました。

仏菩薩への供養には二種・三種・三業・四種・四事・五種・六種・十種などさまざまな仕方があり、法儀・修法の内容によりそれぞれ定められています。このような諸尊を供養する行法を供養法といいます。密教では閼伽《あか》・塗香《ずこう》・華鬘《けまん》・焼香・飯食《おんじき》・灯明の六つを供え（六種供養）、これが布施・持戒・忍辱《にんにく》・精進・禅定・智慧の六波羅蜜《ろくはらみつ》（悟りを求める者の六種の実践的修行のこと）を示すとされます。

また、接待を受けたり、ご馳走になった時に「供養にあずかる」などと言ったりしますが、これも接待する方、される方、お互いの感謝と敬いの気持ちのあらわれと解するべきでしょう。

【化身（けしん）】

十人十色、各様に合わせた姿があります

化身とは「変化身」を略した言葉で、神や仏が人々を救うために姿を変えて現れること、そのあらわれた姿をいいます。また、鬼や狐狸の類が人間を化かすために姿を変えること、あるいはその姿も「化身」と呼ばれます。さらに、歌舞伎で、隈取《くまどり》をとった姿も化身といい、そのような役が活躍する題目を化身事《けしんごと》といったりもします。

本来は仏菩薩の仮の姿のことであり、その代表的なものには『法華経』に説かれる観音菩薩の三十三身があります。観音菩薩は衆生を済度《さいど》する

ために衆生の機根に応じて、姿を三十三種に変えて説法されると説きます。また、仏の三身《さんじん》といって、仏を自性法身《じしょうほっしん》・受用《じゅゆう》法身《ほっしん》・応化法身《おうじんほっしん》に分けて考えますが、特に釈迦如来のことを応化法身あるいは応身といいます。これは、自性法身たる大日如来が現世の衆生を直に導くため釈迦如来に姿を変えて出現したのだ、というわけです。

同じような言葉に「権化《ごんげ》」というのがあります。これもやはり仏菩薩が身を変えて出現することですが、日本ではもっぱら神の変化身のことをいうようになりました。「権現《ごんげん》」はそのような神様のことです。

【外道（げどう）】

仏教以外の悪い教えを信じる者

外道は日常でそれほど頻繁に使われる言葉ではありませんが、真理にそぐわない説や、それを説く人、災難をもたらすもの・悪魔、そして釣りの用語として、目的の種類と違ってつれた魚のこともいいます。さらに、他人をののしることばとして「外道畜生」などということもあります。

本来は、サンスクリット語のティールティカ（tirthika）の訳語で、仏教以外の教え、またはそれを信奉する者のことをいいます。邪説、または邪説を信ずる異端者のことで、邪道とほぼ同義です。仏教、あるいは仏教を信ずるものは外道に対して内道ということもあります。また、邪悪の相をした彫り物や仮面のことも外道といいますが、いずれにしても仏の教えに従わないというところから、何か邪悪なもの、道にそれたものを称することになったのでしょう。

写真で見る七不思議 ❷

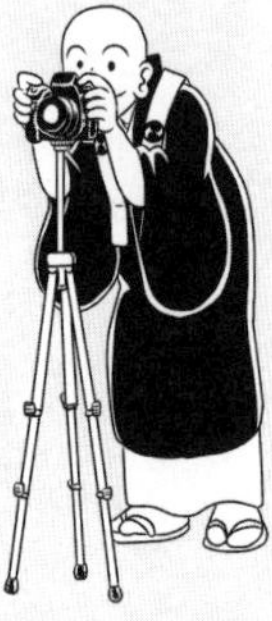

4 池の蛙が鳴かないのは、この池の底に十丈の大蛇を祀ること七頭。そのために蛙は声を立てて鳴かない。

池といっても亀の池や丸池、お庭の池などいろいろあるのですが、多分、どの池の蛙もそうだということだと思います。それは池の底に十丈、一丈が約3mですから30mにも及ぶ大蛇が七頭も住んでいるからだ、というのです。そんな大蛇が住んでいたら人間だって声を出せませんよね。この不思議は、実は、四天王寺の古来の信仰に基づくもので、「四天王寺根本縁起」に「敬田院、この地の内に池あり。荒陵池と号す。その底は深く、青龍恒《つね》に居す処《ところ》なり。云々」とあり、そして、その青龍はこの地を守護している、と書いてあります。四天王寺が大きな池の上に建てられていたということ自体不思議ですが、その池に青龍が住んでいたというのはなお不思議。おそらくこの青龍を大蛇に変えてわかりやすく不思議にしたのがこの七不思議なのでしょう。さて、この青龍ですが、今日でも四天王寺の伽藍の底にちゃんといることになっています。伽藍、西重門を入って回廊を左手に進んだところに、立派な井戸屋形があります。「龍の井戸」と呼ばれる井戸屋形です。ここの井戸を覗いてみますと、あら不思議、龍がこちらを向いてい

▲屋形の天井に描かれた龍

▲龍の井戸

るではありませんか。まさに縁起のとおりであります。と、顔を上げて天井を見ると、「あ、天井にも龍が」って、つまり、これが井戸の水面に写っていたという次第。この井戸屋形も江戸時代にはすでに存在したようで、『摂津名所図会』にも出てまいりますし、落語の「天王寺参り（正式名称は「犬の引導鐘」）」にも出てまいります。ちなみに青龍は青龍権現という神様として四天王寺本坊庭園の東北に祠を造って祀られております。

5 石の鳥居は西門にあって、極楽浄土の東門の中心にあたるという。そうであるならば、この西門にこそ仁王像を祀るべきである。どうして南大門に祀られているのかというと、聖徳太子は補陀落山《ふだらくさん》にお通いになったので、南大門に仁王像を祀られたのである。

この仁王は、インド天竺の金剛像王という王様が日本にお越しになって自ら七体の像を彫られたのであって、この像の上には小鳥が飛ばないという。

少し長い題名ですが『京童跡追《きょうわらべあとおい》』（寛文七年刊〈一六六七〉）の本文をそのまま訳してみました。ここには四天王寺の信仰に

▲極楽浄土の東門である西門・石の鳥居

欠くことのできない事柄がいろいろ書かれております。まず、西門・石の鳥居のこと。『四天王寺根本縁起』や鳥居扁額に記されているように、四天王寺は釈迦如来が説法された聖地であり、極楽浄土の東の門の中心に当たる、ということは四天王寺の信仰の根本と考えられます。ただ、西門が極楽浄土の東門だから、ここに仁王さんをお祀りしなければいけない、というのはちょっと違うと思います。仁王さん(正式には金剛力士といいますが)は古代寺院においては伽藍の南に位置する南大門や中門に安置されるのが建前です。なぜかというと、古代寺院の正面は、おそらく中国の「君子南面」の思想に基づくものかと思われますが、あくまで南なのでありまして、そこに仏法守護の仁王さんをお祀りし悪い者が入らないように見張ってもらうわけです。これは四天王寺もおなじで、創建以来南が正面であったのです。ただ、仁王さんが祀られているのは南大門ではなくて伽藍の南門である中門(中心伽藍の正面門にあたります)であります。これは同じ聖徳太子創建のお寺、法隆寺さんでも同じです。次に聖徳太子が補陀落山《ふだらくさん》に通われた、ということ。補陀落山とは南方に

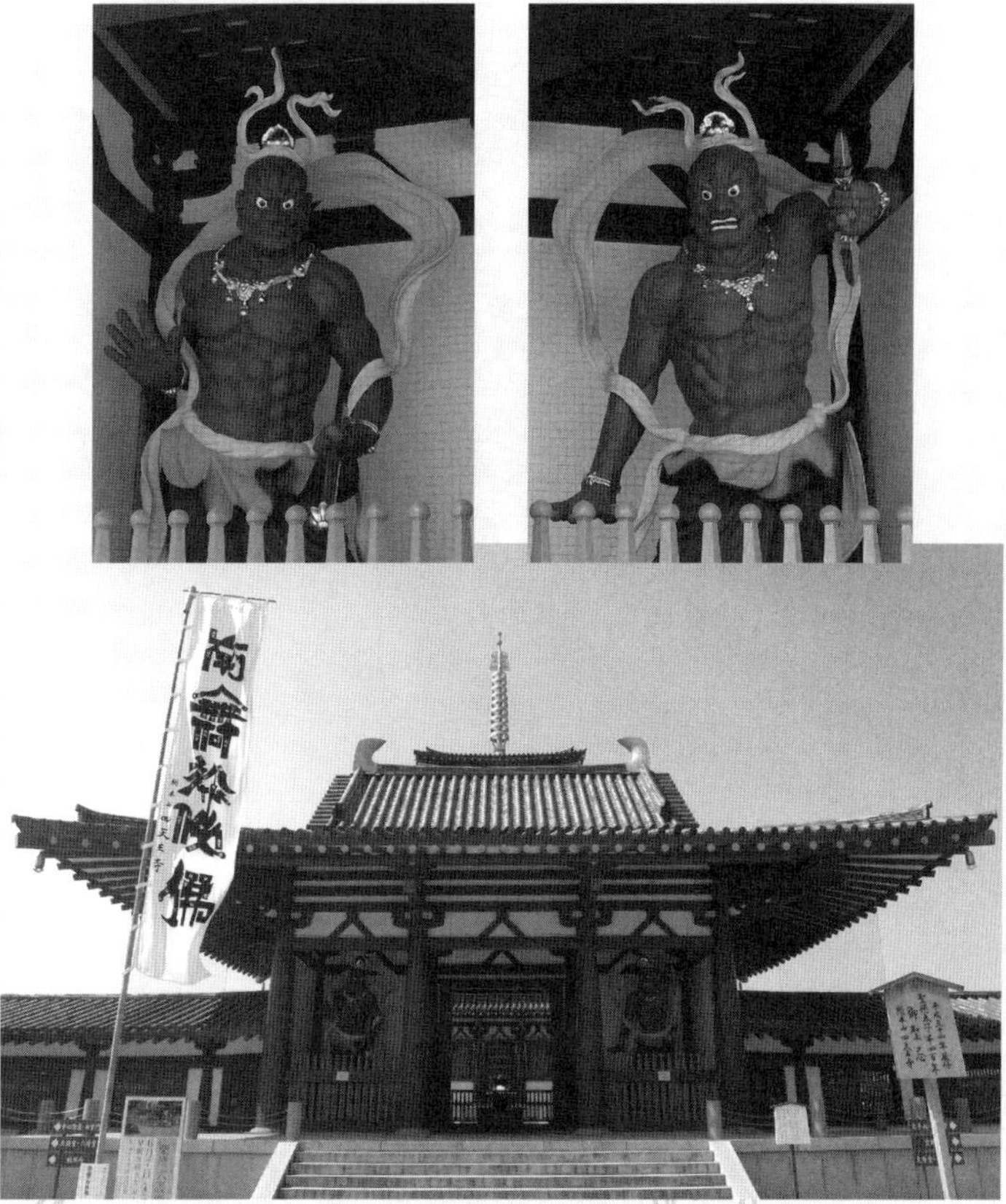

▲中門の仁王さん

ある観音様の浄土のことで、日本では紀伊半島の先端に那智山がありその岸から南方に行けば補陀落浄土があると信じられていました。これが熊野大社の信仰と結びついて熊野詣につながっていきます。

さて、聖徳太子は観音の化身であるという信仰はかなり古くから認められていますが、太子自身が補陀落信仰（あるいは熊野信仰）を熱心にされていたという記述は認められません。平安時代以降、四天王寺が熊野詣の拠点（境内には「熊野権現礼拝石」があり、往古よりここで熊野権現を礼拝し、道中の安全を祈った上で古道を南へ向かいました。）となったことからそのようなお話が成り立って行ったのではないかと思います。

続いて、南大門（中門ですが）の仁王さんは、インドの金剛像王という王様が日本にやってきて自ら七体も彫ったのだ、というのです。先ほどの大蛇も七頭でしたが、七不思議だから七なのでしょうか。これももちろん事実ではないですが、仁王像のエキゾチックな容姿からそのようなお話が出来上がったのでしょう。さらに、そういう仁王さんであるから、その上を小鳥すら飛ばないのだ、というのです。仁王さんの偉容に怖れをなして近づかない、というわけです。これはじっくり観察したことがないのでなんともいえませんが、確かに鳥が仁王門の上を飛んでいるのを見たことはないですね。皆さんの中でご覧になった方がおありでしたら教えてください。

【玄 関（げんかん）】

奥深い道理に
繋がる門なのです

家屋や建物の入り口を玄関と呼びならわしていますが、この「玄関」、実はこれも仏教の関連語です。洋館では玄関とは言わないでしょうが、日本建築の出入り口、普通は土間（タイルや石が敷いてあったりもします）があって板の間続きになり、そこで履物をぬいで家に上がるところです。元々は禅宗の客殿や方丈に入る門のことを言ったようで禅語の「玄妙の道に進み入る関門」を玄関と呼んだことに発しています。寺院はもちろんですが、公家の屋敷では車寄せ以外の出入口、武家屋敷では正面入口で式台（土間から一段上がった板の間）のある所をいいました。

江戸時代には江戸町名主のことを「玄関」と呼びましたが、これは玄関を構えるのを許されたからだそうです。つまり、古い時代では、「玄関」は特別な身分・職種の家に限られていたようです。「玄関構え」と言えば立派な屋敷のこと。「玄関先で」、とか「玄関払い」と言えば、家に上げてもらえない様をいい、今はあまり言いませんが「玄関を張る」と言えば見栄をはることを言います。

昨今のマンションではドアを開けるといきなり廊下になっていますから、これでは玄関とは呼べないかもしれません。

【講　堂（こうどう）】

布教もお経講説も集会も行う
多目的ホール

講堂といえば学校などで儀式や訓話、講演などを行う建物、部屋のことですが、これは仏教寺院の建物・施設に由来しています。飛鳥時代や奈良時代の寺院では七堂伽藍といって、必ず備えなければならない七つのお堂があり、その一つに講堂がありました。このお堂は、講法堂《こうほうどう》ともいい、経典を講読したり、説教をしたり、

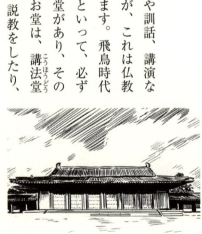

あるいは特定の法儀を行うために僧徒が集まる場所でした。

四天王寺では伽藍の北の回廊中央、横長の大きなお堂がそれで、阿弥陀如来像と十一面観音像をお祀りしています。このお堂では毎月「法華《ほっけ》八講会《はっこうえ》」という法要が営まれ、お堂中央に、向かい合うように置かれた二つの高座の片方には講師という経を講説する僧侶、また片方には読師というお経を読誦する僧が座り、法華経の講問が行われます。他の式衆は下で左右に分かれ聴聞します。禅宗寺院では講堂のかわりに法堂《はっとう》というお堂を建て、本尊はおきません。サンスクリット語のサンタガーラ(santhāgāra)の訳語ですが、これは集会所という意味で、インドでは屋根と柱だけの壁のないホールのようなものでした。

学校の講堂も講演や入学式・卒業式などの儀式に用いる建物ですから、寺院の講堂と同じ目的・用途であったためこのように呼んだのでしょう。

【居士（こじ）】

一流の知識・徳を備えた人物

「一言居士《いちげんこじ》」といえば、普段は物を言わないが、時として事を決めるような発言をする人のことをいい、また、戒名に「何々院△△○○居士」というように男の人が亡くなられた時につけてもらったりします。

この「居士」という言葉にはいくつかの意味があり、①学識や徳が高いけれど仕官などしない人や隠者という意味や、特に仏教では②在家で仏道の修行をする男の人（優婆塞《うばそく》といいます）あるいは近世では在家で禅の修行をする人の敬称を意味し、もともとは③サンスクリット語のグリハパティ（grhapati）の訳語で、家主、資産家の家長のことをいい、特に釈尊存命の紀元前五世紀頃に現れた新興資産階級の人をさした言葉といわれています。

『維摩経《ゆいまきょう》』というお経の主人公は維《ゆい》摩《ま》居士《こじ》という有徳の在家仏教者、この方はなまじの仏弟子や菩薩より知識・徳行、ともに優れ、在家仏教者のかがみのような方です。聖徳太子がこの『維摩経』を重んじられたのはそういうところにあった、つまり太子は維摩居士に在家仏教者としての理想のすがたをご覧になったのです。もちろん、太子も立派な「居士」でいらっしゃるわけですが。

【後生（ごしょう）】

「後生《こうせい》畏るべし」は『論語』ですね

「後生だから」とか「後生のお願い」、といえば、無理なことがわかっていながら頼みごとをする時に使う言葉ですし、「後生大事にする」といえば物をたいせつに使う気持ちをあらわす時に用いられます。

仏教で「後生」といえば、「来世」・「当来世」・「後世」・「未来世」と同義の言葉で、「前生《ぜんしょう》」・「今生《こんじょう》」と対語になります。「前生」が生まれる前の状態のことで、「今生」がいままさに生きている状態のことですから、「後生」とは死んでからの状態、死後再び生まれ変わった状態をいうのです。また、来世の安楽を願うことから「後生願い」とか「後生頼み」といった安楽往生を意味する言葉にも用いられました。「後生善処《ごしょうぜんしょ》」とか「後生菩提《ごしょうぼだい》」なども安楽往生ではありませんが、後世の安楽を願った言葉です。

最初に言いました、「後生だから」とか、「後生大事」では本来の仏教的な意味は薄れてしまっています。「後生のお願い」も、本来の意味を知ればなかなか言い出せないとは思いますが。

【小僧（こぞう）】

まだまだこれからの将来有望な
お子でもあります

「小僧」といえば、「ねずみ小僧」とか「弁天小僧」、あるいは「この小僧っ子め」などとあまり良い意味に用いられない言葉ですが、本来は成人した大人の僧侶を指す「大僧《だいそう》」と対をなす言葉で、年少の僧侶のことを言い（もともとは「小僧《しょうそう》」と発音していました。）、雛僧《ひなそう》とか青僧《あおそう》とも言いました。後に、僧侶が自分を卑下《ひげ》する言葉として用いるようになり、さらに年長年少にかかわらず、僧侶を卑しめる差別語として用いられるようになったのです。

僧侶に限らず商家の年季奉公《ねんきぼうこう》の子供や年少の雇人もそのように呼びました。商家の場合は「小僧さん」、お寺の場合は「お小僧さん」と区別したようです。膝小僧というのはなぜそういうのかはっきりわかりませんが、その形状がクリクリ頭の小僧さんに似ているからそう呼ばれたのでしょうか。また、同じ意味の「青僧」の青は未熟という意味があり、経験が足りない僧のこと。若僧《わかぞう》と同じです。「青二才」などは同じ用い方ですね。その反対が老僧《ろうそう》で、こちらは必ずしも高齢の僧侶のことではなく、修行・経験を積んだ立派な僧侶に対する尊称でした。老師も同じ意味です。

しかし、もう今ではクリクリ頭の小僧さんなんて、どこのお寺でも見かけなくなりました。

【金輪際（こんりんざい）】

実は壮大なスケールの発想に基づく言葉

「もうお前の顔なんか金輪際見たくもない」などと言われれば、大層傷ついてしまいますが、この場合の「金輪際」は「いかなることがあっても」、「絶対に」というように副詞として用いられています。この「金輪際」という言葉は、「金剛輪際」の略語といわれ、本来はやはり仏教語であります。仏教の世界観では、我々の居る大地は、虚空の中に浮かぶ「風輪」・「水輪」・「金輪」の三つの輪の上に載っている、とされ、金輪の最上面、つまりその際《きわ》が大地に接する際であるとされています。つまり大地の果てのことで、無限に深い場所、真底になるわけです。それから転じて物事の極限のことを言うようになり、さらに副詞として最初に述べた例の他、あとに打ち消しの語を伴って、「底の底まで」、「どこまでも」、「とことんまで」、「徹頭徹尾」という使い方をするようになりました。

ただ、金輪際は、金輪と水輪の境目という説もあり、その方が無限に深いという感じが強くなります。しかし、大地がそのような輪に支えられているというのは面白い発想ですね。

【在 家（ざいけ）】

圧倒的多数の世俗生活者

在家とは出家と対をなす言葉で、出家せず、家庭にあって世俗の生活を営んでいる人をいいます。在家の人たちにも仏教徒の方がおられますが、男性を優婆塞《うばそく》、女性を優婆夷《うばい》といいます。優婆塞はサンスクリットのウパーサカ（upāsaka）、優婆夷はウパーシカ（upāsikā）を音写（音を漢字に当てはめた言葉。漢字そのものに意味はない）した言葉で、「側近く仕える、敬う、礼拝する」といった意味を持っています。

一般に在家信者は、出家者に財施（布施）を行うことによって功徳を積み、来世に良い環境に生まれることをよすがとし、出家者からは法施（教えの施し）を享受して生活の指針とし、安心《あんじん》を得るのです。在家の人が仏教徒になるために特別の資格はなく、仏・法・僧の三宝に帰依すれば信者となります。

また、在家仏教者には、不殺生《ふせっしょう》・不偸盗《ふちゅうとう》・不邪淫《ふじゃいん》・不妄語《ふもうご》・不飲酒《ふおんじゅ》の五戒という戒律が用意されていますが、これとても強要するものではなく自律的な戒めとされています。現在日本の仏教は、この在家仏教徒のために説かれた大乗仏教が主となっています。

【三界（さんがい）】

三界を超えたところに
仏さまの世界があります

「女、三界に家なし」とは、女性は幼くして親に従い、嫁いでは夫に従い、夫亡き後は子に従えというものですが、この「三界」は仏教語でありま す。三界とは生きとし生ける者が住む世界を三つに分けて言ったもの。

一番下に「欲界」、我々衆生であるとか、あるいは天界に住むものであっても欲から離れられないものの住むところ。その上に「色界《しきかい》」、欲は無くなったが、微妙な形（身体）だけは残っている生きものの領域。初禅天《しょぜんてん》から第四禅天まで四つの分野（心静かに瞑想して、心身に動揺をきたさない境地〈禅定〉のこと）に分かれています。さらにその上に「無色界《むしきかい》」。もはや形すらも無い領域。下から、空無辺処《くうむへんしょ》、識無辺処《しきむへんしょ》、無所有処《むしょゆうしょ》、非《ひ》想非非想処《そうひひそうしょ》の四天が並んでいるところとされます。この非想非非想処天は輪廻《りんね》する生き物の天辺《てっぺん》であるといい、「有頂天《うちょうてん》」と呼ばれています。

色界以上の世界は常識的な生き物の世界ではなく、修行や瞑想の高まりの状態を並べたもので高度な精神の世界とされています。三界それぞれの天を「地」として「三界九地《さんがいきゅうち》」とも言います。「三界萬霊《さんがいばんれい》」というのは、この三界に住むものすべてという意味です。

【懺悔（さんげ）】

苦悩からの解放を求める重要な宗教的行為

今日では「ざんげ」と読むことが多いのですが、仏教語としては「さんげ」と濁りません。もちろん、罪や過《あやま》ちを悔《く》い改めることをいうのですが、サンスクリット語のクシャマ（kṣama）が語源と考えられ、元々の意味は「許し」、「忍耐」でありました。現代ヒンディー語でも「すみませんが……」と言う時は「クシャマー・キージエー」、つまり「忍耐を行ってください」と言うそうです。懺悔の「懺」はこの「クシャマ」を音写した文字であります。

古くより、仏教ではこの懺悔という行為が重視され、仏の前で自らの罪や過ちを告白し、その裁断を待つという「懺悔会」あるいは「悔過会《けかえ》」と呼ばれる法要が頻繁に行われました。薬師寺の美しい吉祥天画像は「吉祥悔過会」の本尊として作られたものといわれています。仏教のお勤めに用いる常用の懺悔文には、

「我昔所造諸悪業《がしゃくしょぞうしょあくごう》　皆由無始貪瞋癡《かいゆむしとんじんち》
従身口意之所生《じゅうしんぐいししょしょう》　一切我今皆懺悔《いっさいがこんかいさんげ》」

とあり、身口意より生じた諸悪業をすべて懺悔しますと誓うのです。

【三　宝（さんぽう）】

仏教の最も重要な三要素

日常語というわけではありませんが、仏教の大変重要な言葉として三宝について述べておきましょう。三宝とは仏《ぶつ》宝・法《ほう》宝・僧《そう》宝の三つの宝のことをいい、この三宝ということばだけで仏教全体を指し示す場合もあります。例えば、聖徳太子十七条憲法の第二条に「篤く三宝を敬え。三宝とは仏と法と僧なり。」とあり、太子は三宝つまり仏教を篤く敬いなさい、と説かれたのであります。

また、驚いた時や失敗した時に「なむさん！」と言いますが、これは

「南無三宝」を略した言葉で、本来は「仏教に帰依します。」という意味です。「三宝加持《かじ》」といえば仏法僧に加護《かご》を祈ることまたはその修法。なぜそう呼ばれるのかよくわかりませんが、ダイダイ類の柑橘に「三宝柑」というのもあります。「三宝荒神《こうじん》」は仏法僧の三宝を守護する神で、近世には竈《かまど》の神となりました。

その他、儒教（『孟子《もうし》』尽心《じんしん》篇下）では、土地と人民と政事を三宝といい、道教では、精と氣と神を内三宝といい、耳と目と口を外三宝というのだそうです。

【三昧（さんまい）】

まずは心を静めるところから
始めてみましょう！

比較的に良いこととして、「読書三昧」「釣三昧」、悪いこととして「道楽三昧」「放蕩《ほうとう》三昧」など、物事に専念するさまやあるいは心がとらわれ、のめり込むさまを「三昧（さんまい）」といいます。これは仏教でいうところの三昧地《さんまじ》、三摩地《さんまじ》からきた言葉で、サンスクリット語のサマーディ（samādhi）の音写語です。

心をある対象に集中して堅固不動の境地に至ることで、宗教的な瞑想の世界を表現する言葉ともいえます。仏教ではこの三昧をもっとも深く、体系的に説いてその実践方法を表してきました。三昧の実践としては禅《ぜん》定《じょう》・座禅もそうですし、密教修法における観想行、あるいは浄土門における念仏もその一つです。一遍上人は「念仏三昧という事。三昧というは見仏の義なり」とおっしゃっています。

昨今、上から下まで、やりたい放題の「悪行三昧」がはびこっておりますが、そういう人たちはもちろん我々も、本来の三昧、つまり心を統一して不動の境地にいたるための修行をすこしずつでも実践していかねばなりませんね。

【地獄（じごく）】

多様な悪行に対応した
多様な地獄が揃っています

地獄といえば、知らない人はいないでしょう。「地獄耳」「地獄の釜」「地獄に落ちる」「地獄の沙汰も金次第」……などなど、「地獄」を用いた言葉は数え切れません。それほどに我々になじみのある言葉です。この「地獄」はサンスクリット語のナラカ（naraka）、あるいはニラヤ（niraya）の訳語で（奈落《ならく》はここからきた言葉）、この世の罪障ある者が死後に行く世界で、地下はるか深くにある牢獄といい、そこから「地獄」と訳されました。我々凡夫が巡る（輪廻《りんね》といいます）苦界＝六道という六つの世界の中で、最も苦しみの多い世界とされています。地獄は一つではなくて八熱（八大）地獄、八寒地獄があり、これに小地獄や別所などが付随し合計百三十六地獄を数えるといいます（地獄の思想については『正法念処経』に詳しく書かれています）。「阿鼻《あび》叫喚《きょうかん》のちまた」などといいますが、これは八熱地獄の内の「阿鼻地獄」と「叫喚地獄」のことで、むごい苦しみの様を言い表した言葉になっています。

もちろんこれら地獄は生前の悪行を戒めるために考え出された世界ですが、昔の人たちは地獄を描いた「地獄絵」などを見てその苦しみの様に慄《おのの》いたことと思います。今日の世界を見渡せば、地獄さながらの様相があちこちに見られます。「地獄もすみか」などという言葉もありますが、そうあって欲しくはないですね。

【実際（じっさい）】

物事の本来の姿、真実の際（境地）の意です

「実際」といえば、想像や理論ではなく実地のこと、現実の有様、事実のことをいい、副詞的に「実際に」といえば、本当に、全く、というような意味に使われます。あるいは、現実主義者のことを「実際家」などと称したりもします。

しかし、この実際という言葉も本来は仏教語でありまして、『望月仏教大辞典』には「虚妄《きょもう》を離絶せる境地にして即ち涅槃《ねはん》の実証をいう」とあります。サンスクリット語のブータコーティ（bhūtakoṭi）の訳であり、

「存在の拠点」の意味で、真実際、本際、そして、真実極際ともいいます。つまりは、存在の極限ということで、真如《しんにょ》、涅槃すなわち悟りの世界を表します。禅宗では「実際理地《りじ》」ともいいます。

ではなぜ、今日のような意味になったかといいますと、空理空論に対し、「実際」は究極の真実であるから、「実際に」ということになったのでしょう。実際の広大無辺な様をたとえて、「実際海」という言葉もあります。

#【慈悲（じひ）】

「慈」は安楽を与え、「悲」は苦しみを除こうとする仏の心を表す

仏教における仏の救済を「慈悲」といい、キリスト教の「愛」に相当します。「慈」はサンスクリット語のマイトリー（maitrī）の訳で、本来は友情を意味しました。仏教では仏の慈しみの心を意味します。弥勒菩薩はこのマイトリーを徳とする菩薩で「慈氏《じし》菩薩」と訳されます。「悲」はサンスクリット語のカルナー（karuṇā）の訳で、憐愍《れんみん》を意味します。悲しむという語が使われるのは、他人の苦しみを悲しんで苦を共にして救済するところから、そのようにいうのです。また、「慈」は仏が衆

生に楽を与えること（与楽《よらく》）をいい、「悲」は衆生の苦を除くこと（抜苦《ばっく》）をいうとされます。観音菩薩の本誓《ほんぜい》は「大慈大悲」といい、また、「抜《ばっ》苦与楽《くよらく》」を本願としています。

慈悲の心を持つということは、慈しみの心を持つことであり、また、共感の心を持つことでもあります。何かしてあげるというのでなく、させていただくという謙虚な心の現れであると思うのですが、いかがでしょう。

【邪見（じゃけん）】

道理の否定、真理の否定、三宝の否定！

この語は、サンスクリット語のドゥリシティ（mithyā-dṛṣṭi これは単に「見る」という意味）の訳語で、因果の道理に暗かったり、また無視したりする虚妄の見解のことをいいます。五見（有身見《うしんけん》・辺執見《へんじゅけん》・邪見・見取《けんじゅ》・戒禁《かいごん》取《じゅ》）の一つで、その最悪の状態とされています。

すべての邪悪な考え方を指すのですが、とくに因果の理、すなわち縁起の教法や修行によって悟りに達した仏陀の存在を認めず、その結果、三宝（仏・法・僧）の否定につながる見解をいいます。ここからよこしまな見方や誤った考えのことを邪見というようになりました。また、そういった正しい見解を持たないということから、「邪険」という語と同義とみられ、思いやりの無いこと、無慈悲なさまをも意味するようになりました。

「邪見の角《つの》」といえば、邪見で物事にかどを立てることを角に譬《たと》えた言葉ですし、「邪見の刃《やいば》」といえば、邪見が鋭く人を害することを刃に譬えた言葉です。

邪見に相対する言葉は正見《しょうけん》であり、八正道《はっしょうどう》や四諦《したい》などの真理を見ることであります。

【娑婆（しゃば）】

今、生きている我々の世界のこと

よく時代劇などで、牢屋から解放された者が「娑婆の空気はうまい」などという台詞《せりふ》をいう場面がありますが、この一般世間を意味する「娑婆」という言葉も、もとは仏教語なのです。「娑婆」はサンスクリット語のサハー（sahā）の音写語で、元の意味は「大地」あるいは「忍耐」となっています。

仏教では、生ける者の住む世界、つまり「現世」のことをいい、仏典には「娑婆世界」と表現され、仏の世界（仏国土、浄土）と対となって用いられます。娑婆世界は汚れや苦しみの満ちた世界ということで、「忍土」とか「忍界」と訳されることもあります。この娑婆世界は、釈尊入滅後、弥勒菩薩の下生《げしょう》（仏が衆生を救済すること）までの五十六億七千万年の間、無仏の状態であるといい、地蔵菩薩がその間の導師であるとされています。

この語を使った言葉に、俗世界の名誉や俗念を離れない心を「娑婆気（しゃばき、しゃばっけ）」、生きていても何の役にも立たず、かえって、他人の邪魔となるようなこと、あるいは人を「娑婆塞《しゃばふさ》ぎ（げ）」などといいます。

【邪魔（じゃま）】

心の内にも様々な悪魔が…

「邪魔をする」「邪魔者」、あるいはちょっと古いですが「お邪魔虫」などというように、「余計なもの」とか「めざわり」という意味で使われるこの「邪魔」という言葉。これも仏教語なのです。本来はさとりを妨げる邪悪な悪魔、特に、釈迦のさとりを妨げた波旬《はじゅん》〈パーピーヤス〈pāpīyas〉〉という悪魔のことをい

います。「魔」という言葉自体、サンスクリットのマーラ〈māra〈悪魔と訳す〉〉の音写語「魔羅」を略した語で、この字に特別の意味はないようです。先の波旬も「魔波旬」と音写されることもあります。この悪魔は、本来、他化自在天《たけじざいてん》という天界第六天に住む天魔のことで、前述のとおり、釈迦のさとりを妨害しようとたびたび企てるのですが、すべて失敗したといいます。

まぁ、しかし、我々凡人はこの邪魔に負けてしまうことが多いもので、仕事や勉強に飽きて遊びたくなる、休みたくなるというのは、この邪魔という悪魔のせいなのかも知れません。

写真で見る七不思議 ❸

❻ 金堂の雨落《あまおち》、窪まざるゆえは、はなはだ天竺霊鷲山《てんじくりょうじゅせん》より天龍に銀を運ばせて、地に敷かれたる寺なれば、この雨落窪むべからず。

天竺霊鷲山とはお釈迦様が説法された、頂上が鷲の頭の形をした山のことで、ここで採れた銀を天龍に運ばせて金堂の雨落に敷き詰めた、というのです。「雨落」とは建物の屋根から雨だれの落ちるところ、軒下の真下にあたる部分のことをいいますが、四天王寺の金堂の軒下というと今はコンクリートの溝になっていますので、窪むということはまずありません。江戸時代の絵図などを見るとたしかに溝ではな

「雨落」は現在コンクリート製

くて砂利か砂を敷き詰めてあったように見えます。雨落だけ特別に何か敷かれていたとは見えないですね。この不思議は『御手印縁起』に「この地には七宝を敷けり」と書かれていることからの連想であろうと思われます。七宝とはお経にもよく出てくる七種類の貴金属・宝石のことで、『阿弥陀経』には金・銀・瑠璃《るり》（ラピスラズリ）・玻璃《はり》（水晶）・硨磲《しゃこ》（シャコ貝の貝殻）・赤珠《せきしゅ》（赤い色をした碧玉）・瑪瑙《メノウ》、の七種、『法華経』には玻璃と赤珠の代わりに真珠と玫瑰《まいかい》が入ります。珊瑚や琥珀の入っているお経もあります。創建当初はこんな高価な宝石類で敷き詰めてあったのなら、程なくすべて盗まれて無くなってしまったのだろうかな、などと思ってしまうのは罰当たりな考えなのでしょうか。

7 金堂内陣の柱は赤栴檀《しゃくせんだん》を天竺より八大竜王に引かせてつくりたり、末代朽つべからず。

金堂の内陣というのはもちろん金堂の中の本尊救世観音様や四天王様のおられる高くなったところ、須弥壇《しゅみだん》のことですが、この須弥壇の周りに太い柱が何本も立っています。この柱のことです。この柱が赤栴檀（「あかせんだん」ではなく「しゃくせんだん」と読む）でできている。それもその木は天竺、つまり、インドから八大竜王が引いてきたものだというのです。八大竜王というのは、『法華経《ほけきょう》』が説かれたとき聴衆として参加した八種の竜王のことで、難陀《なんだ》（ナンダ Nanda の音写。「歓喜」の意）、跋難陀《ばつなんだ》（ウパナンダ Upananda 「弟ナンダ」）、沙伽羅《しゃから》（サーガラ Sagara 「海」）、和修吉《わしゅきつ》（バースキ Vasuki 「九頭」）、徳叉迦《とくしゃか》（タクシャカ Taksaka 「多舌」）、阿那婆達多《あなばだった》（アナバタプタ Anavatapta「無熱悩」）、摩那斯《まなし》（マナスビン Manasvin「慈心」）、優鉢羅《うぱら》（ウトゥパラカ Utpalaka 「青蓮華」）の八王をいいます。竜王はもちろん海の神として水を司る神格です。インドから海を渡って木を引いてきたというわけです。「赤栴檀」ですが、これは香木の一種で、檀香（白檀とか栴檀、紫檀など）と呼ばれる高価な香木です。木肌が赤みを帯びたもので、白檀の芯材とも、牛頭《ごず》栴檀の別名ともいわれます。主としてインドの南西海岸に近いマナバール地方から出るようです。「伊蘭《いらん》の林に交われども赤栴檀の香は失せず」という『観仏三昧海経《かんぶつざんまいかいきょう》』に出てくることわざがあり、正しく立派な人物は、周囲の悪い影響を受けないことのたとえで、香りの良い赤栴檀の木は、悪臭を放つ伊蘭（インドの伝説上の高木で、悪臭を放つ）の林に混じっても、よい香りを失わないという意味。ただ、檀木では、赤栴檀はあまり聞きませんが、白檀や栴檀を使って仏像はよく制作されますが、柱に使うということはあまり聞いたことがありません。たいていの寺院では内陣外陣ともに柱はヒノキやケヤキが主流ですからこういった檀木は使われないのではないかと思います。もちろん、大変高価な材木ですから、おいそれとは柱などには使えないでしょう。でありますから四天王寺の金堂ではこんな高価な香木を惜しげもなく柱に使ったのだというこ となのでしょうね。

四天王寺奇観

写真で見る七不思議

金堂の須弥壇

【出世（しゅっせ）】

世間に仏の出現すること

人事異動の季節になると、お勤めされている方には、気になるところ。友人、あるいは嫌いな人が、課長になった、部長になったとなると、「あいつ出世したなぁ」と半分驚き、半分やっかみでつぶやいたりします。「これであいつも出世コース（昔は街道）に乗ったな」と思ったりするわけです。

この「出世」という言葉、これも実は仏教語なのです。サンスクリット語のウパーダ（utpāda）の訳語で、迷いの世界である世間に仏が出現することを指しました。仏が世に出て、悟りを開き、人々を導くということなのです。そこから、僧侶がしかるべき僧位に就いたり、大きなお寺の住職になったりすることも出世というようになりました。また、公卿の子息が出家した場合、その昇進が特に早いので出世といったそうです。こういう僧の地位が上がることから転じて、一般の人でも成功して地位の上がることを出世というようになったようです。

「出世魚」といえば、すずき（せいご→ふっこ）、ぶり（わかし→いなだ→わらさ）。「出世払い」は無期限の借金（まぁ、返ってきませんね）。「立身出世」は、しかし、もう死語ですかね？

【精進（しょうじん）】

心身ともに清浄を保つ行為

「精進努力」とか「精進潔斎《けっさい》」というように使われる「精進」ということば、これも仏教語です。大乗仏教での仏道修行である六波羅蜜《ろくはらみつ》行（布施《ふせ》・持戒《じかい》・忍辱《にんにく》・精進・禅定《ぜんじょう》・智慧《ちえ》）その第四番目の徳目のことをいいます。

「精進」とは、本来は、俗縁を絶って酒肉をつつしみ心身を清め、仏門に入ってひたすら宗教的生活を送ることをいうのですが、在家の信者にとっては、常日頃の精励、努力はもちろん、さらに魚虫鳥獣の肉類を食べないことも意味するようになりました。日本では神道にも影響を与え、禊《みそぎ》や祓《はらえ》とならんで「物忌《ものい》み」としての精進が進められました。

肉親者が亡くなったときなど、ある一定期間（服喪の期間・喪中）は精進の時期として肉類は食せず、菜食本位の食事とする習俗があります。その期間を過ぎれば「精進《しょうじん》明《あ》け」「精進落《しょうじんお》ち」「精進解《しょうじんど》き」などと称し、肉食が許され、もてなしをすることが多いようです。今日では喪中の菜食は守られないことが多いのですが、精進明けのもてなしはなされるのが普通です。

菜食本位の食事は「精進料理」といい、現代の健康食ブームで見直されています。「精進揚げ」はそのとき用いられる野菜の揚げ物のことです。

【正念場（しょうねんば）】

正しい念《おも》いは悟りを得るためにも必要なのです

「ここが正念場だ」というように、ここぞ、ここが大事という、重大な場面や局面の時に使われる「正念場」という言葉、これも仏教語から出来た言葉です。もっぱら歌舞伎や浄瑠璃で、主人公がその役の性根《しょうね》を発揮させるもっとも重要な場面のことをいったもので、「性念場《しょうねんば》」「性根場」とも書きます。

「正念」とは、仏教の、苦を滅するための八つの実践行である「八正道《はっしょうどう》」の一つで、サンスクリット語のサンミャク・スムリティ（samyaksmṛti）の訳語です。これは「正しい念慮《ねんりょ》」、つまり正しい心の注ぎ方をいい、仏道を思念して決して忘れないこと、一心に念仏することをいいます。

浄土思想においては極楽往生を疑わず念仏に勤めること、また、修行の邪魔をする雑念に囚われない信心のさまのことも指しています。このように、歌舞伎や浄瑠璃にかぎらず、しっかりした心や正気の必要な状況、場面を「正念場」というようになったのです。

我々の仕事や生活の中でそういう場面を迎えることもあろうかと思いますが、正しい心により乗り切っていきたいものです。

【浄瑠璃（じょうるり）】

仏の世界は浄《きよ》く透き通った宝石（瑠璃《るり》）で出来ている!?

浄瑠璃といえば文楽の人形芝居、あるいはその音楽である義太夫節のことをいうのですが、これも仏教から出た言葉です。言葉そのものは「透明で清らかな瑠璃」、つまり、青く美しい宝石、サファイヤのことで、東方の薬師如来の浄土の地面は、その清らかな瑠璃からできているので、浄瑠璃浄土、浄瑠璃世界といいました。経典には、「瑠璃を地と為し、金縄もて道を界《かい》し、城闕・宮閣・軒窓・羅網《らもう》は、皆七宝もて成ること、亦た西方極楽世界の功徳荘厳にして等しく差別無きが如し」と説かれています。

では、なぜ、義太夫節のことを「浄瑠璃」と言うのかといいますと、室町時代末期の古浄瑠璃に、薬師如来の申し子とされる浄瑠璃姫（浄瑠璃御前）を主人公とした『浄瑠璃物語』（『十二段草子《じゅうにだんそうし》』と別称される）というお話があり、これが大層人気を博しました。そこで、古浄瑠璃のような音曲による語り物を浄瑠璃と言い習わすようになったのです。

その後、江戸時代の中期に竹本義太夫が出て、それらの音曲を集大成して義太夫節を完成させ、近松門左衛門と組んで大いに隆盛させたのです。そこから義太夫節を浄瑠璃と呼び、文楽《ぶんらく》を人形浄瑠璃と言うようになったのです。

【所 詮（しょせん）】

仏さまが説き明かされた真理を意味する言葉

今日では、要するに、とか、結局、という意味で使われる「所詮」という言葉ですが、これも本来仏教語なのです。「詮」という語は、真理を具さに説くことを意味する漢語で、その前に付けられた「所」はその対象を意味しています。つまり、「所詮」は説き明かされた真理のことをいうのです（「詮《せん》ずる所」ということ）。

この言葉は中国仏教において考え出されたもので、いま一つに「能《のう》詮《せん》」（「能く詮ずる」ということ）という、経典に説かれる意義内容を表わす文句を示す言葉があって、「所詮」はこれを対としています。今までの仏教の解釈では、「能詮の法（教）」と「所詮の義（理）」という形で述べられることが多いのです。最初に述べた、要するに、とか結局という使い方は、詮ずる所、すなわち説き明かして行き着いた真理の意から転じたもので、日本独特の、中世期からの用法です。

「所詮、俺たちはこの程度なんだ」などと今日では否定的な使われ方の多い「所詮」ですが、実は、説き明かされた真理、という大変にありがたい意味だったのです。

【しょっちゅう】

初めから最後まで善いこと

いつもいつも、ふだん、始終、などの意味で使う言葉に「しょっちゅう」というのがあります。これなど、どうみても俗語、話し言葉のように思うのですが、実は元をたどれば仏教語であったようです。

『広辞苑』には、「副詞（初中後の転訛《か》）」と書かれています。この「初中後」という言葉ですが、これは「初中後善」という仏教語から来た言葉なのです。初中後善とは、仏の説かれた教を讃える言葉、「初めにも善く、中にも善く、後にも善く」のことであります。つまり、初めや中や後にかかわらず、ずっと善いわけで、ここから、〝始終〟〝常に〟の意味が生まれたのだろうと思います。

「初中後」は、また、中世の芸道論にも見える言葉で、この場合は、初心者の段階から達人の域に至るまで全過程を三段階に分けたようです。これもおそらく仏教における用い方の転用でしょう。

【頭陀袋（ずだぶくろ）】

僧侶常用の鞄

僧侶が首からかけて、物を入れる袋を頭陀袋と言い、特に行脚修行の折などに用います。両手が空きますので便利です。この「頭陀」という言葉ですがもちろん仏教語でして、サンスクリット語ドゥータ（dhūta）の音写で、元の意味は「ふるい落とす」「払い除く」の意。煩悩をふるい落とし、衣食住についての貪りや欲望を払い捨てて、清浄に仏道に励むことであり、十二の実践項目があります。『十二頭陀経』というお経があり、その中には「人家を離れた静かな場所に住する」「常に乞食《こつじき》を行ずる」「乞食するのに人を選ばない」「一日一食」「食べ過ぎない」などの十二項目が挙げられています。この中でも僧侶が乞食托鉢をして歩くさまを「頭陀」というようになり、その折、首から下げ、ものを入れる袋のことを「頭陀袋」と呼んだのです。

今日でも托鉢の折には頭陀袋をかけて歩きますし、普段、僧衣の折には鞄の代わりに持ち歩くことが多いです。近頃では同じような形態の帆布製のバッグが人気を集め、一般の方もよくお持ちになっています。もちろん首からではなく肩にかけておられますけどね。

【世間（せけん）】

世間の容貌は
自己の心の内にみるもの

「世間は広い（狭い）」「世間体」「世間話」「世間知らず」などのことば、あるいは「渡る世間に鬼はなし」、それをもじった「渡る世間は鬼ばかり」などというドラマ、等々、世間という語を用いる場はかなり多いですね。この「世間」という語、もともとサンスクリット語のローカ（loka）の訳語で、世の中、人々、人間社会の意味があり、我々の使っている意味と変わりはありません。しかし、仏教では三つの世間を考えまして、「器《き》世間」（生き物を住まわせる環境）、「衆生（有情）」（生き物すべての世界）、

「智正覚世間」(さとりの世界)の三つです。もちろん、二番目の衆生(有情)世間の意味が今日の言葉の意味となったわけです。この世間は、われわれ衆生の住まうところ、迷いの世界であるところから、ここを出て悟りに向かうということで、仏道に入ることを「出世間」というようになったのです。

世間はこのように我々が身を置くところであります。鬼ばかりの世になるか、鬼のいない世になるか、実は我々の心次第のような気がします。

【説 経（せっきょう）】

お経の説き聞かせが芸能にも影響を及ぼす

説教と普通には書きます。丁寧語をつけて「お説教」といいますと、年寄りや目上の方からの堅苦しい教訓的な話や聞きたくもない忠告をいい、あまりいいイメージはありません。しかし、もとは「説経」と書きまして、お経の内容を説き聞かせて布教・教化することを意味しました。わが国においては、四天王寺開祖聖徳太子が推古天皇や諸臣の前で勝鬘《しょうまん》経《ぎょう》や法華経《ほけきょう》を説経されたことが最初といわれます。その後、平安時代には説経師という役割があったようですし、大きな法会には説経や、お経の内容を問答で披露する「講問《こうもん》」が行われました。中世には説経に節をつけて唱えることが盛んとなり、唱導《しょうどう》や説経節、節談《ふしだん》説経のような仏教芸能的な語りが行われました。これらは後の浄瑠璃や文楽、歌舞伎、ひいては今日の歌謡曲にまで影響を及ぼしたとされています。

今日でも、四天王寺では法華八講会や太子講問会などの講問が定期的に行われています。もちろん、これらは聞きたくもないお説教ではなくて、お経についての問答を朗々と唱える法会ですから、ぜひお随喜しご参加くださるとありがたいですね。

【刹那（せつな）】

感じることもできないほどの短い時間

「刹那」といえば極めて短い時間、一瞬という意味がありますが、これも仏教の言葉です。サンスクリット語のクシャナ（kṣaṇa）を音写した言葉で、「念」とか「念念」と訳されています。

仏教でも、やはり極めて短い時間のことをいい、最も短い時間の単位とされています。その長さは、指を一回弾《つまび》く（仏教には弾指《たんじ》という指をはじいて音を出す作法があります）間に六十五刹那あるとも、また、七十五分の一秒に相当するともいわれています。仏教では、万物は、この一刹那一刹那ごとに生滅を繰り返し、実体が無く、常なることは無いと説きます。これを「刹那生滅」あるいは「刹那無常」といいます。

「刹那主義」とは、過去や未来を考えず、ただこの瞬間を充実できればいいという考え方ですが、良い意味ではその一瞬に生き甲斐をかけるということになり、悪い意味ではその時だけ良ければいいという享楽主義に陥ります。

仏教の時間の単位で刹那と反対の語に「劫《こう》（きわめて長い時間の単位）」があります。「劫」にもいろんな説がありますが、これまた天文学的な数字になります。

【禅（ぜん）】

パシンと叩くことではなく、深く深く思慮すること

「座禅（坐禅）」の禅、禅宗の「禅」のことです。日常語とは言い難いですが、仏教でも重要な言葉なので紹介しておきましょう。

「禅」という語は、サンスクリット語のディヤーナ（dhyāna）、あるいはその俗語形のジャーナ（jhāna）を音写した「禅那《ぜんな》」を省略した言葉です。あるいはディヤーナ、ジャーナの最後のaをとってディヤーン、ジャンを漢字の「禅」にあてはめた、とされています。だから、「禅」という漢字そのものには仏教的な意味はありません。漢字「禅」の本来

の意味は「皇帝が天を祭ること」や「天子の位を人にゆずること」で「禅譲」などという言葉があります。

さて、ディヤーナとは静慮《じょうりょ》、思惟修《しゆいしゅ》、思惟修習《しゅじゅう》と訳され、静かに思慮すること、つまり宗教的瞑想のことをいいます。また、三昧《さんまい》と結び付けて禅定《ぜんじょう》ともいいます。大乗仏教の菩薩の修行段階である六波羅蜜《ろくはらみつ》行の第五番目に禅那波羅蜜（禅定波羅蜜）がありますが、瞑想により精神を統一させる修行であり、最後の智慧（般若《はんにゃ》）波羅蜜につながる修行として、重視されます。

【千手観音（せんじゅかんのん）】

千の手で一切衆生を救う

読んで字の通り千の手を持つ観音様のことです。正式には「千手千眼観世音（観自在）菩薩」といい、観音の功徳を最も象徴的に表した仏様です。観音様が属するグループである「蓮華部」の王ということから「蓮華王菩薩」とも称されます。つまり、千の慈手、千の慈眼を以て遍《あまね》く衆生を済度するという変化《へんげ》観音です。変化観音とは観音の救済を示すため多面《ためん》多臂《たひ》の姿をとった観音のことで、千手観音の他にも十一面観音、不空羂索《ふくうけんじゃく》観音、如意輪《にょいりん》観音、馬頭《ばとう》観音など（所謂「六観音」ですね）があります。

千手観音の尊像では、葛井寺《ふじいでら》や唐招提寺の像のように実際に千の手を持つものもありますが、たいていは四十二本の手で代表させています。胸前で合掌する二手以外の四十本の手は、一手ごとに二十五の世界（二十五有《にじゅうごう》、衆生が輪廻を繰り返す世界）を救うといい、25×40、で、1000になるわけです。それぞれの手には様々な持物が握られ、衆生の苦しみに応じて救いの手を差し伸べます。「千手の誓い」というのは観音が千の手、千の眼で人々を救おうという誓いのこと。

また、千手観音は「しらみ」の俗称でもあります。他にお坊さんの隠語では蛸《たこ》のことをいうらしいです。

【先達（せんだつ）】

険しい山々の中で
我が命を預ける人々

「少しのことにも先達はあらまほしき事なり」とは兼行法師『徒然草』五十二段「仁和寺にある法師」の一節、「少しのことでも指導者がいて欲しいものだ」ということですが、この「先達」、一般的には学問や技術、修行などに精通し、他の人々を導く先輩や先学のことをさします。

宗教界においては、特に修験道などの山岳仏教で、峰入りを重ねて、道中や峰中の作法に深く達した人で、同行の入峰者に先立って導く人のことを、ほぼ固有名詞的に言っております。また、先達の中でも特に功を奏した人を「大先達」、更に功を奏した人を「大大先達」などと呼びます。

こうした山岳信仰での先達は、平安時代の後半ごろ、白河法皇の熊野御幸の案内をした熊野先達と呼ばれる人たちが最初といわれています。

その後、修験道の本山である京都の聖護院《しょうごいん》に、これら熊野先達が掌握され本山派修験となりました。あるいは、大峰修行の場合は大和の諸大寺に依拠した先達が、当山三十六正大先達衆とよばれる結社を形成しました。近世、江戸時代ぐらいになると、伊勢や高野山をはじめとして各地の霊山や社寺も案内するようになりました。

今日でも、大峰山などの修験道はもちろん、四国八十八ヶ所霊場や不動尊霊場でも先達と呼ばれる方々が活躍しておられます。

【相　好（そうごう）】

仏さまの容貌をお示しする言葉

「相好を崩す」とか「相好が良い」などと言う時の「相好」という語も実は仏教が語源の言葉です。相好といえば今日では、顔かたち、表情のことをいい、「相好を崩す」とは、顔つきが変わるほど笑うさま、喜ぶさまを表現した言葉です。わが国では、「相」は大きな特徴（三十二相）、「好」は小さな特徴（八十種好）をさすのだそうですが、このことはインドのサンスクリット語の意味（「相」はラクシャナ〈lakṣaṇa〉、「好」はアヌブヤンジャナ〈anuvyañjana〉）とも一致するようです。

仏教では如来の姿かたちの特徴には、「三十二相八十種好《しゅごう》」といって、三十二の大きな特徴、八十の小さな特徴があるといいます。この「相」と「好」から「相好」という言葉ができたのです。三十二相には、仏の頭頂が盛り上がる「肉髻相《にっけいそう》」、偏平足であるという「足下安平立相《そくげあんぺいりゅうそう》」、手の指の間に水掻きのような網のある「縵網相《まんもうそう》」、眉間に白い毛の塊がある「白毫相《びゃくごうそう》」などがあり、多くの如来像はこれに基づいて造られています。これらの相好は、インドの偉人の相をもとにしたもので、相好《そうごう》荘厳《しょうごん》といって仏のすぐれたありさまを表現したものです。

【相続（そうぞく）】

行為にも善悪にも一切の事柄には断絶していることなどないのです

財産相続、相続税、相続人、土地相続など、人から物やお金を受け継ぐことを相続といいますが、この言葉も元は仏教語です。サンスクリット語のサンタティ（saṃtati）、あるいはサンターナ（saṃtāna）という言葉の訳語です。この言葉には連続という意味があり、人間の行為の連続や物事の因果関係の連続性を示すものでした。これは善因善果、悪因悪果という因果の中で、善因は必ず連続して善果を生み、反対に悪因は連続して悪因を生む、ということです。善も悪も相続されるわけです。

けっして途切れることがないわけです。

今日でも、財産を相続するといってもいいことばかり相続するわけではなくて、負の財産つまり借金や負債を相続することもあるわけで、これなどは悪因の相続といえるかもしれません。

仏教では、悪い行いそしてその悪果は末永く相続されるとされますが、それらの罪を深く懺悔し、今後そのような行いをしないと仏に誓うことでその相続を絶つことができるといいます。その前提にもちろん三宝、つまり仏・法・僧への帰依があるのです。僧侶の世界で、師から弟子への法脈を継ぐことを相続依身《えしん》（依身とはよりどころである肉体のこと）というのですが、全身全霊で受け継ぐ、というような意味を持っています。

【息災（そくさい）】

無病息災！　如意吉祥！

無病息災、無事息災、また、一病息災など、身にさわりのないこと、達者なことを意味する「息災」という言葉も元は仏教語です。サンスクリット語のシャーンティカ（śāntika）の訳語で、原語には「静まり」の意味があります。訳語である「息災」は、災いを止めること、仏の力によって災難を消滅させることを意味します。

密教の修法に、息災法という修法がありまして、内外の災障を取り除くため、目的に応じて行う四種法の一つです。四種法とは、福徳・繁栄を増進させる「増益法」、怨敵・魔障を降伏させる「調伏法」、和合・親睦を祈る「敬愛法《ぞうやくほう》」、そして、災害や苦難を除き、煩悩を消滅させる「息災法」の四つです。

わが国では壌災《じょうさい》に加えてさらに延命を願う「息災延命法」という修法が盛んとなりました。平安時代や鎌倉時代では疫病・飢饉・風水害など人々を苦難に陥れる災難がごく身近にあったでしょうから、このような息災法や息災延命法が必死の思いで修されたのではないかと想像されます。もちろん、今日でも自分や家族の無事息災、無病息災を思う気持ちには変わりないと思いますが。

写真で見る七不思議 ❹

大木、金堂宝塔より高くおい昇らず。もし天に昇れども枝は下をさすべし。毎日天人天下り、石上にて法会を延べ供養なしたまうゆえ、枝は下へさし下るなり。

番外

金堂はそんなに高くないですが、五重塔はさすがに高いですね。だいたい30ｍくらいの高さはあるのではないでしょうか。それほどの高さの木はなかなかないです。というか高くなる木は植えられていません。楠や銀杏が主なところです。写真はちょっと離れて撮ってみたので同じような高さに見えます。しかし、毎日、天人が舞い下りて法会を行っているというのは楽しいですね。ぜひ随喜してみたいと思います。

▲離れた所から見た五重塔と境内の木

四天王寺の雀は聖徳太子様の教えが行き渡っていて両足でピョンピョン歩くのではなく片足ずつ交互に歩く。

これはどこから出てきた話なのかよくわかりません。雀のいるところを絶えず注目してみているのですが、たいていはピョンピョンと両足で歩いています。聖徳太子様の時代には教えが行き渡り雀も片足ずつ歩いていたのかもしれませんが、今は、どうもお太子様の教えが行き渡っていないということなのでしょうか。もっと我々も精進しないといけませんね。

▲片足ずつ交互に歩く？

四天王寺奇観
写真で見る七不思議

【退屈（たいくつ）】

倦まず怠けず
仏道修行に励むべし

「退屈」といえば、いや気がさすこと、だれること、あるいは、暇をもてあますこと、つまらなくてあきあきすること、などを言いますが、元はやはり仏教語です。サンスクリット語のケーダ（kheda）、あるいはヒーヤマーナ（hīyamāna）の訳語とされています。ケーダは怠惰、ヒーヤマーナは捨てられつつあることを意味します。

本来は仏道修行の苦しさ、むずかしさに負け精進しようという気持ちをなくすことで、求道心が退き、煩悩に屈するという状態を言うのです。

菩薩の修行は五段階に分けられていまして、その初めでもある第一段階で三つの退屈が生じ、くじけやすいことがあるとされています（三退《さんたい》屈《くつ》といいます）。その三つとは、①菩提広大屈《ぼだいこうだいくつ》（さとりは広大深遠であるとして退屈する）、②万行難修《まんぎょうなんしゅう》屈《くつ》（限りない修行は甚だ修め難いとして退屈する）、③転依難証屈《てんいなんしょうくつ》（煩悩・所知という悟りへの障害を転じて、菩提・涅槃を得ることが難しいとして退屈する）であります。これらを克服するのを三退屈に対して、三練磨《さんれんま》といいます。

退屈という言葉もなかなか難しいですね。

えっ、私の話が退屈だ、って、ごもっともです。修行が足りませんね。

【醍醐味（だいごみ）】

バター・カルピスは至高の味!?

「醍醐味」といえば、「スキーの醍醐味」とか「山登りの醍醐味」などと使い、ほんとうの面白さ、深い味わいやかけがえのない楽しみのことをいいます。

この醍醐味という言葉、元はインドにおける五味《ごみ》の一つ、最上の味のことをいいます。五味とは乳製品を精製する段階を指し、牛乳そのものである「乳味《にゅうみ》」から「酪味《らくみ》」、「生酥味《しょうそみ》」、「熟酥味《じゅくそみ》」と段階を経て「醍醐味」に至ります。つまり、醍醐味とは乳製品の最終段階で、あるいはバターのことともいわれます。この上もない美味ということです。

仏法の涅槃や仏性という優れた味わいを醍醐の法味と表現しますが、このことにあやかって、さまざまな趣味やスポーツなどの最上の境地をそのように表現したものと思われます。

この醍醐味、インドの言葉ではマンダ・サルピ（maṇḍa-sarpi）、あるいはサルピスマンダ（sarpis-maṇḍa）というのですが、日本の乳酸飲料水カルピスはカルシウムとこのサルピス・マンダを合わせて名づけられたそうです。

【退治（たいじ）】

様々な煩悩の数だけ退治の数があります

「鬼退治」とか「悪人退治」というように「退治」といえば、悪魔であるとか悪い人や物をやっつけることをいいますが、これも仏教語です。「対治」と書くのが本来で、サンスクリット語のプラティパクシャ(pratipaksa)の訳語です。

その意味は、四つの「道」によって煩悩などの障害を滅することをいいます。「道」とは「加行道《けぎょうどう》（煩悩を断つための予備的修行）」、「無間道《むげんどう》（直接煩悩を断つこと）」、「解脱道《げだつどう》（真理を悟って解脱すること）」、「勝進道《しょうしんどう》（よりすぐれた修行による解脱の完成)」の四つです。我々には三毒といって、貪《とん》(むさぼり)・瞋《じん》(いかり)・痴《ち》(おろかさ)の抜き去り難い煩悩がありますが、これらを滅することが悟りへの道であるといいます。退治(対治)はその対症療法的な意味で用いられるようです。

煩悩や欲望に支配されてしまうとそれこそ悪魔のような人間になってしまいます。くれぐれも「退治」されるような人間にはならないように気をつけましょう。

【大　師（だいし）】

偉大なる高僧に
死後贈られる称号

四天王寺では、毎月二十一日は「お大師さん」の日ということで、境内に露店が並んで多くの人出で賑わいます。この「お大師さん（大阪では「おだいっさん」とも呼ばれます）」はもちろん弘法大師のことで、「大師は弘法にとられ」という諺があるように、大師といえば弘法大師のことをさすと思われがちです。

しかし、この「大師」号は、日本においては各宗高僧に朝廷から贈られる号（諡号《しごう》といいます）のことで、弘法大師空海さんは真言宗の祖師ですが、天台宗の祖師最澄さんは伝教大師、同じく天台宗の高僧円仁さんは慈覚大師、円珍さんは智証大師、曹洞宗の道元さんは承陽大師、浄土宗の法然さんは円光大師、というように、偉いお坊さんには、死後、大師号が贈られているのです。貞観八年（八六六）に最澄さんに贈られたのが最初で、空海さんには延喜二十一年（九二一）に贈られています。

本来、大師というのは、サンスクリット語のシャーストリ（sāstṛ）の訳語で「教師」「偉大なる師」の意味で、お釈迦様など仏様、高徳の僧の尊称であったようです。因みに、二十一日の「お大師さん」、京都の東寺では「弘法さん・弘法市」と呼んでいますね。

【断末魔（だんまつま）】

死に至るほどの苦痛

この言葉も仏教語といいますか、インドの言葉から来た言葉です。「断末魔」（断末摩とも表記する）の「末魔」はサンスクリット語のマルマン（marman）を音写した語で、「死節・死穴」と訳され、人間の体の中にある特殊な支節で、他の者が触れれば激痛を起こして必ず死ぬという場所だとされています。「断末魔」はマルマッチェーダ（marma-ccheda）の訳語で末魔（マルマン）を断つこと、すなわち息を引き取る間際、死の直前のことを言います。

「断末魔の苦しみ」といえば、死に際のもがき苦しみ、あるいはそのような苦痛のことを言いますし、「いまわの際の断末魔」などという言い回しは歌舞伎などでよく耳にします。仏教のある説では、人間を構成する水・火・風の三大要素のいずれかが増大して末魔＝死節に触れることによって死に至ると考えられていました。

「断末魔」という漢字からして、いかにも苦しそうな印象を受けますが、本来の意味においてもあまり味わいたくない苦しみです。できれば安楽に往生したいのですが、日ごろの精進が大事なのでしょうね。

【知識（ちしき）】

正しい方向へと導いてくれる良き友人

知識といえば、「ある事項について知っていること。また、その内容」を意味しますが、本来の意味は少し違うようです。

中国の古典（例えば『荘子』至楽篇など）では「知人・知り合い」の意味で用いられていました。仏教においても、インドの仏典に出てきますカルヤーナミトラ（kalyāna-mitra）〈良い友達〉を「善知識」、パーパミトラ（pāpa-mitra）〈悪い友達〉を「悪知識」と訳しました。悪知識はあまり用いられませんが、善知識は教えを説いて仏道へと導いてくれる良き友人・指導者という意味で用いられることが多くあります。

『華厳経』というお経の中で、善財童子が求道のために五十五人の善知識のもとを訪ねる話は有名です。根拠はありませんが、この知識という語を英語の「knowledge」、ドイツ語の「Wissen」の訳語として用いたことから、本来の友人や知人という意味より、知られている内容や認識によって得られる事柄といった意味で多く使われるようになったのではないでしょうか。

知識人などという言い方をしますが、ただ物事を多く知っているというだけでなく、その知識を皆に教え、良い方向に導いてこそ知識人、仏教で言うところの善知識となるのだと思います。

【頂　戴（ちょうだい）】

仏教式敬礼のこと

「頂戴」という言葉、いろんなケースで使われます。「良い物を頂戴しました」のように何かをもらうこと、「もう十分頂戴しました」というようにもらった食べ物を食べることをへりくだって言う場合、「そのりんご頂戴！」というように、ものをくれ、ほしいという時にも使います。あるいは、「新聞を取って頂戴」というように、親しい相手に行動を促す言葉としても使います。

このように使用範囲の広い言葉である「頂戴」ですが、元々は仏教語で、五体の中でもっとも尊いとされる頭のてっぺん、頭頂に戴いて敬う礼のことを「頂戴」というのです。たとえば僧侶が経典を読む前に、仏の言葉である経典を敬って、頭上に高くかかげますが、そのようなしぐさがものをもらうときの様子に似ていたため、意味が転じて「もらう」の謙譲語になったのであろうと思われます。

電話などで「お名前を頂戴できますか」と聞かれることがありますが、あなたに名前をあげる義理はないし、また、私の名前はそんなに敬ってもらうものでもないと思いますね。この場合は「お名前をお願いします」とか「お名前をお聞かせください」でいいのです。変にへりくだって間違った言い方になっているのです。

【追善（ついぜん）】

自ら功徳を積んで
死者の安穏をお祈りする行為

「追薦」とも書いて、善事を修め功徳を積み、死者の冥福を祈る行為のことをいいます。「追善供養」と言います。一般的には、七七日（四十九日）、百ヶ日、それから一周忌、三回忌、七回忌、十三回忌などの年回忌や命日（祥月忌《しょうつきき》）、彼岸、お盆などに僧侶に法要を勤めてもらったり、お墓にお参りしたりすることを言います。あるいは、お寺やお坊さんに仏具・法具を寄進したり、仏像を造立したり、大きなところではお堂を建立したりすること、また、貧しい人、困っている人に施しを行うことなど、様々に善行を積んで死者の冥界での安穏を祈ることも追善としました。

仏教の発祥地インドの出家者はこのような死者の葬儀や供養には関与せず、日本独特の風習、さらにその言葉ではないかと考えられます。事実、日本における追善供養の歴史は古く、斉明天皇五年（六五九）支弥高という人が七世父母の追善のために西琳寺《さいりんじ》を建て阿弥陀三尊を造ったといい、飛鳥時代にすでに父母の追善が行われていたということです。その後、奈良時代、平安時代では盛んに行われるようになりました。

「追福」も同義語ですし、「追善菩提」という言い方もあります。「菩提」とはサンスクリット語の「ボディ＝悟り」のことで、追善し悟りの境地にいたることを意味します。

【弟子（でし）】

親しく師の業を受ける人

弟子という言葉は、いろいろな分野で、師から教えを受ける者をさす言葉として用いられますが、なぜ弟や子という文字を充てるのでしょうか。『論語』学而《がくじ》篇に「弟子《ていし》、入りては則ち孝、出でては則ち（悌）」とあり、「孝」はもちろん親に対する尊敬・従順の心であり、「弟（悌）」は兄または年長者に対する情誼《じょうぎ》の厚さを言いますから、師に対して、子供のようにそして弟のように、尊敬や愛情をもって接する者、弟子たちよこのように行動しなさい、というわけです。仏教における「弟子《でし》」の言い方について、初期の仏教では和尚や阿闍梨《あじゃり》から教えを受ける弟子といわゆる弟子一般とは言い方を区別していたようです。さらに、大乗仏教が盛んとなると、弟子は出家者（僧侶）に限らず在俗信者をも含めるようになりました。さて、仏教での最初の弟子と言えばお釈迦様の十大弟子です。さまざまの経典にお釈迦様の弟子は登場しますが、今日知られている十大弟子としては、『維摩経』弟子品に登場する人たちが著名です。その人たちの名を挙げておきましょう。舎利弗《しゃりほつ》（智慧第一）、大目犍連（目連　神通第一）、大迦葉《だいかしょう》（迦葉　頭陀第一）、須菩提《すぼだい》（解空第一）、富楼那《ふるな》（説法第一）、迦旃延《かせんねん》（論議第一）、阿那律《あなりつ》（天眼第一）、優婆離《うばり》（持律第一）、羅《ら》喉羅《ごら》（戒行第一）、阿難《あなん》（多聞第一）の十人。そして、我々今日の僧侶もお釈迦様から何万人ともなく受け継いできた弟子の一人というわけです。

【寺（てら）】

本来は公的な役所・施設をいいます

「寺」はもちろん寺院のことですが、「寺《じ》」と書いて「てら」と読むのはなぜなのでしょうか。実はあまりよくわかっていません。朝鮮語のチェル chyŏl（礼拝）または char（刹）から転訛《てんか》したのではないかという説が有力ですが、インド、パーリー語で長老を意味するテラ（thera）からの転訛という説もあります。こちらはちょっと無理があるように思います。中国での「寺《じ》」という漢語はもともと役所・官舎の意味でありました。漢の時代、西域から仏教を伝えるため摂摩騰《しょうまとう》と竺法蘭《じくほうらん》というお坊さんがやってきた時、はじめ鴻臚寺《こうろじ》という外国との交渉の窓口である官舎に滞在、のちに白馬寺を建てて住まわしめたことから僧侶の住居を「寺」と呼ぶようになったそうです。「寺」のことを「寺院」とも言いますが、「院」は寺の中にある別舎のことで、お寺の中にある塔頭や特別の施設をいいます。全部合わせて「寺院」となるわけです。あるいは、お寺のことを、「伽藍」「蘭若《らんにゃ》（阿蘭若《あらんにゃ》、修行するのに適した場所という意味）」「梵刹《ぼんせつ》（清浄な国土の意味）」などというちょっと難しい言い方も存在します。「寺」を使った用語には「寺子屋」「寺銭」「寺男」「寺町」などなどけっこう多くあります。

【天（てん）】

神の総称と聖なる場所

天といえば、「天高く馬肥ゆる秋」、「天上」、「満天の星」などのように「地平線にかぎられ、はるかに高く遠く穹窿《きゅうりゅうじょう》状を呈する視界。そら」（広辞苑）のことですが、仏教の世界でも「天」があります。サンスクリット語のデーヴァ（deva）の訳語で、本来の意味は「輝くもの」。古代ペルシャ語のダエヴァと同じとされ、ダエヴァは「悪魔」の意味であったそうです。インドの神々が仏教に多く取り入れられ、その神々のことを天と呼ぶようになりました。例えば、帝釈天は雷の神様ですし、毘沙門天は富の神、弁財天は音楽や才能の神、といった具合です。さらに、そのような天の住む場所も天と呼びました。『倶舎論《くしゃろん》』というお経によりますと天には二十七種あり、下の方からいいますと三十三天から始まって最高位の天である非想非非想天《ひそうひひそうてん》まで段階的に存在するとされます。その中で、帝釈天は忉利天《とうりてん》という天界の主でありますし、四天王は須弥山《しゅみせん》の中腹の四天王天という天の四方に居て仏法を守護しています。あるいは、天界に住む者を天人《てんにん》と総称します。天人はさまざまな超人的能力を持っていますが、人間と同じく六道輪廻の中にある存在で時期が来れば死にます。その時には五つの衰弱の様相が現れるとされています。これを天人五衰《てんにんのごすい》といいます。それは①頭の上の花蔓がしぼみ、②天衣が塵垢に汚され、③腋の下から汗が出て、④両の目がしばしば眩き、⑤天界の生活を嘆くようになる、といわれています。

【道（どう）】

道理・道徳そして仏道、一つの枠に押し込められない真理

　ここのところ一文字の仏教語が続いていますが今回も「道」一文字。「道」はもちろん「みち」ですが、この場合「どう」と読みます。サンスクリット語のマールガ（mārga）の訳語です。本来はやはり道《みち》、道路という意味です。そこから人の踏むべき道すじ、道理、悟りへの道、あるいは悟りそのものを言うことになりました。仏教語には当然のことながら「道」の付く語が多くあります。いずれも実践の意味合いがつよいものです。「仏道」は仏教の実践そのもののことです。「八正道（八聖道）」

は仏教の中道をあらわす八つの行いのことで、①正見（正しい見方）、②正思惟（正しい考え）、③正語（正しい言葉）、④正業（正しい行い）、⑤正命（正しい生活）、⑥正精進（正しい努力）、⑦正念（正しい念慮）、⑧正定（正しい心の静まり）を言います。わが国の中世・近世においては、人の進むべき道という意味から武芸や芸能などの分野で、道の文化が盛んとなりました。華道、茶道、武道、書道、剣道、柔道などなど、今日でもなじみの深い文化です。また「道」は仏教の世界を表すこともあります。「六道」は我々が輪廻を繰り返す苦の世界で、地獄道、餓鬼道、畜生道、修羅道、人道、天道の六つの世界のことです。

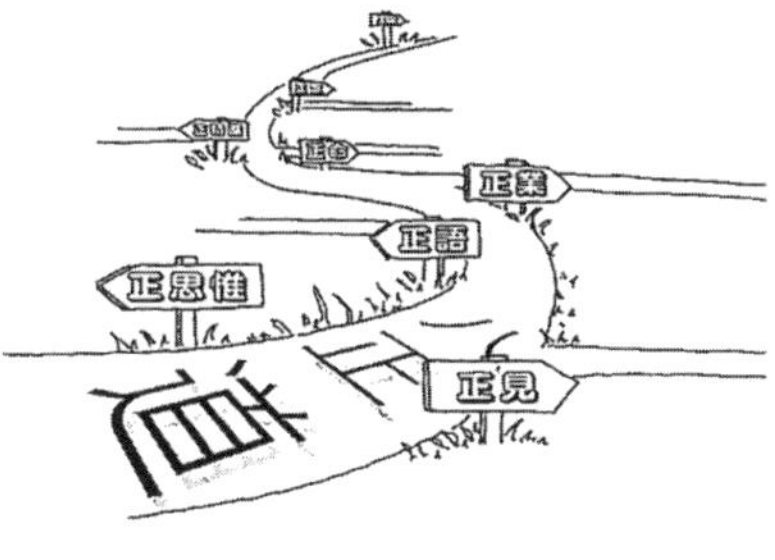

【堂々巡り（どうどうめぐり）】

「お百度まいり」も堂々巡り

今日では「堂々巡り」といえば「同じ場所をぐるぐる廻り歩くこと」や「同じ議論などを、いつまでも繰り返してはてしのないこと」を言いますが、本来は神仏に祈願してお寺や神社のお堂の周りを歩くことを言いました。何度も何度も歩きまわることから「度度めぐり」という字をあてた場合もあるようです。「お百度まいり」などもその例であろうと思われます。また、これを転じてたくさんの者が手をつないで輪を作り、同じところをぐるぐる回る子どもの遊びのことや、一人で直立して両手を上げ、目を閉じて身体をぐるぐると回す遊びのことも「堂々巡り」と言ったそうです。今ではそういう遊びもありませんが面白いですね。そういえば、国会の本会議での票決方法の俗称も「堂々巡り」でした。もちろん各議員が演壇上をぐるっと回って投票し、また自席に戻る様からそう呼んだのでしょうが、俗称とはいえ、子どもの遊びと同じ呼び名とはなんともおかしいですね。今では、お堂を巡り歩く風習も薄れ、そういう姿を目にする機会も少なくなりましたが、昔の人にとっては切実なお参りの姿であったと思われます。

【道　具（どうぐ）】

修行のために僧侶が所持するもの。衣もその一つ。

「道具」といえば「大工道具」や「家財道具」などというように物を作ったり、あるいはいろいろな作業をするときにつかう器具のことであったり、あるいはピストルなどを「飛び道具」などという言い方をしますが、もともとは仏道修行の折に用いたり身に着けたりする用具のことを言いました。例えば「三衣一鉢《さんねいっぱつ》」といって比丘（僧侶）が個人所有を許された「大衣《だいえ》（僧伽梨《そうぎゃり》）」、「上衣《じょうえ》（鬱多羅僧《うったらそう》）」、「下衣《かえ》（安陀会《あんだえ》）」の三種の衣と托鉢の際に布施を受ける一個の鉢（応量器《おうりょうき》・鉢盂《はちう》）がそれですし、「六物」といえば、先の三衣一鉢に座具、漉水嚢《ろくすいのう》（飲み水を漉《こ》すための袋）を加えたもの、「十八物」といえば、三衣（三つで一つ）、鉢、座具、漉水嚢に加えて楊枝《ようじ》、澡豆《そうず》（洗濯用の豆の粉）、瓶《びょう》（飲料水や洗い水用の壺）、錫《しゃく》杖《じょう》、香炉、手巾《しゅきん》、刀子《とうす》（剃髪や裁衣用の小刀）、火燧《かすい》（火打石）、鑷子《じょうす》（毛抜き）、縄床《じょうしょう》、経典、戒本《かいほん》、菩薩像（文殊・弥勒）、仏像、を加えたもの。これらは僧侶が常に所持しなければならないとされているのですが、今日では用いないものも多いですね。また、「弁慶の七つ道具」というのもありますが、「鉄熊手、大槌《おおづち》、大鋸、まさかり、つく棒、さすまた、そでがらめ」というもので、これは仏道修行の用具とは言い難いですね。

【兎角（とかく）】

ありえないことについての
論議は何も生じません

夏目漱石の『草枕』の冒頭の有名な一説に「智に働けば角が立つ。情に棹させば流される。意地を通せば窮屈だ。とかくに人の世は住みにくい。」というのがありますが、「とかく」というとこの文章がまず思い浮かびます。この場合は「とかく」は「ともかく」とか「とにかく」という意味なのですが、漢字で書く「兎角」となると意味が変わります。その意味はというと読んで字のとおり「兎《うさぎ》の角《つの》」ということで、うさぎには角などありませんから、あり得ない物、事のことを言うのです。まあ、ウサギの耳は長いですから角に見えても仕方ない、しかし、角じゃないんだ、ということでしょう。同じようなたとえに「亀毛《きもう》」というのがあります。毛の生えた亀、というのも見たことがないですね。これも亀が水の中を泳ぐと波が起きる、その波が毛に見える、けれども亀には毛は生えていない、つまり、やはり、あり得ない物、事のことであります。もともとこの言葉も仏典に出てくる言葉で、二つ並べて「亀毛兎角」と表現されます。

日蓮上人は「亀毛の長短、兎角の有無、亀の甲には毛はなし、なんぞ長短をあらそわん、兎の頭には角なし、なんぞ有無を論ぜん」と存在しない物の論議は無意味だと教えておられます。

【斎（とき）】

「食事すべき時」なので「とき」
夕食は「非食」です

「斎」という言葉は日常的に用いられるという語ではないですが、仏事においては頻繁に用いられる言葉なので紹介しておきましょう。元々、寺院においては、朝にとる食事を「粥《しゃく》」、正午にとる食事を「斎《さい》」と呼んでいたのですが、我が国では「食事すべき時《とき》」の意味から「斎」を「時」とおなじく「とき」と読み、正午以前の食事のことを言うようになりました。インド仏教では、戒律によって僧侶は午後には食事をしないということに由来するようです。このような寺院での食事は「斎」に「食」

をつけて「斎食《さいじき》」とも「時食《じじき》」とも言っています。今でも、寺院によっては、修行の折、昼食の後は次の日の朝まで食事をとらないという厳しい戒律を行うところもありますが、普通は「非食《ひじき》」とか「非時」といって食事ではないという形で夕食もとっています。

これから転じて、寺院での食事ということから、精進料理のことを「斎《とき》」あるいは丁寧に「お斎《とき》」といい、さらに、お寺での食事や仏事・法事の後の食事、あるいは、法要や仏事そのもののことを「お斎」というようになったようです。

あとがき

本編は、平成十二年から四天王寺の機関誌「和 communication 四天王寺」に連載したコラム「日常の中の仏教語」を改訂増補して、出版していただいたものである。そのきっかけとなったのは、四天王寺の機関誌の体裁を全面改装した折、普通の記事の外にコラム的な何かを付け加えようということになり、ふと頭に浮かんだのが、我々が日常用いる言葉の中に、仏教に由来する語が相当数あり、その中には元々仏教語とは知らず用いられているもの、全く異なった意味で用いられているもの、などが多いのではないかということであった。また、編集者の中からもそのような声が起こったことにある。

最初はアトランダムに思いついたものから始めようかとおもったのであるが、やはり五十音順に記述していったほうが、読む側にとっても書く側にとってもやりやすいのではないかと考えた。語の取捨選択は筆者の思いつくままではあるが、内容については仏教辞典、広辞苑、さらに先行の同種の辞典

あとがき

を参考とさせていただいた。調べていくうちに言葉本来の意味に行き当たって、認識を新たにしたことも多々あり私自身大変勉強になった。

連載するにあたっては、解説文ではなく読み物として面白いものにしたいと思ったが、他の辞典と同意文とならざるを得ないところもあり、独創的なものとならなかった点はご容赦いただきたい。各文章の終わりの部分あたりにはできる限り筆者の勝手な解釈も加えておいた。

というわけで、現在も機関誌に掲載中ではあるが前半のまとめとして出版の運びとなったが、本書収載の語数だけを見ても、仏教語がこれだけ多く身近に使われ、日本人の生活の中にいかに多くの仏教的なものが受け継がれてきているかがわかるであろう。

読者各位のほんのひとつまみの教養？となれば幸いである。

二〇一九年　春

南谷　恵敬

南谷 恵敬（みなみたに えけい）
1953年生まれ。1960年得度、四天王寺支院 施行院 住職。
大阪大学大学院 文学研究科芸術学専攻 修士課程修了。
現在、四天王寺執事・法務部長（勧学部長兼務）、四天王寺大学 客員教授を務める。

日常の中の仏教語

二〇一九年四月二十二日　初版発行

著　者　南谷 恵敬
監　修　和宗総本山 四天王寺
発行者　作井 文子
発行所　株式会社 海風社
〒550-0011 大阪市西区阿波座一―九―九
阿波座パークビル七〇一
TEL　〇六―六五四一―一八〇七
振　替　〇〇九一〇―二―三〇〇〇六
印刷・製本　大信印刷 株式会社

ISBN978-4-87616-057-0